La historia de un joven vagabundo

Aguilera Mendoza, Rosario
La historia de un joven vagabundo / Rosario Aguilera Mendoza; compilado por Luis Videla; edición literaria a cargo de Luis Videla. - 1ª ed. –
Buenos Aires: Deauno.com, 2009.
150 p.; 21x15 cm.

ISBN 978-987-1581-39-9

1. Narrativa Testimonial. I. Videla, Luis, comp. II. Videla, Luis, ed. lit. III. Título
CDD M863

Queda rigurosamente prohibida, sin la autorización escrita de los titulares del copyright, bajo las sanciones establecidas por las leyes, la reproducción total o parcial de esta obra por cualquier medio o procedimiento, comprendidos la fotocopia y el tratamiento informático.

© 2009, Rosario Aguilera Mendoza
© 2009, Deauno.com (de Elaleph.com S.R.L.)
© 2009, Imágenes de tapa
© 2009, Luis Videla, edición literaria y compilación.

contacto@elaleph.com
http://www.elaleph.com

Para comunicarse con la autora: rosarioram13@yahoo.com

Primera edición

ISBN 978-987-1581-39-9

Hecho el depósito que marca la Ley 11.723

ROSARIO AGUILERA MENDOZA

LA HISTORIA DE UN JOVEN VAGABUNDO

deauno.com

*A mi hijo, Hugo García Aguilera,
porque es mi fuerza y mi inspiración
para seguir adelante cada día.*

*A todos esos niños que luchan por salir adelante,
para que su Ángel de la Guardia los proteja
y los guíe con sus alas de luz*

A mi editor, por su dedicación y su cortesía.

La niña infeliz

Cuando una hermosa flor empieza a brotar y a salir del capullo, su hermoso aroma y su delicada fragancia se expanden por todos los rincones. Muchos sienten el deseo de sentir y tocar esa hermosa flor, llegar a ella, cortarla y al día siguiente, cuando ya no sea tan radiante, tirarla y dejarla morir. Así paso con una mujer joven y hermosa, con la piel de niña, suave y blanca y con unos ojos verdes claros. La mujer hermosa era humilde, hogareña y trabajaba todas las tardes haciendo tortas en su casa para luego vender a sus clientes.

Un día, entrada ya la tarde, pasó un extraño por su casa y de detuvo a admirar su hermosura con una mirada un tanto sospechosa. La mujer le devolvió la mirada, pero asustada, sabiendo que esa mirada no era buena, y que aquél hombre tampoco. Intentando no alterarse, siguió con su rutina de siempre.

Pasaron dos semanas y la mujer hermosa no volvió a ver a aquel hombre que la desnudó con la mirada, como ella pudo sentirlo en ese momento.

Sin ella saberlo, ese hombre perverso de mente, estudió los movimientos diarios de la familia de la mujer para saber cuándo podría sorprenderla porque no soportaba estar un día más sin poseerla como fuere. Fue en una noche aciaga que decidió apoderarse de su destino. Ese día sus padres se fueron de paseo y la hermosa mujer se quedó sola en su casa. Fue el capricho del destino, traicionero, el que hizo que ese día la marcara para siempre. El hombre entró a la casa, la encontró, la tomó por el cuello y apuntándole con una pistola en la cara, la amenazó con quitarle la vida si gritaba. La mujer, con el cuerpo temblando a causa del intenso miedo, se mantuvo en silencio, aunque las lágrimas rodaban por sus mejillas y empapaban su rostro. El temor le corría por las venas temiendo que sucediera lo peor. El hombre, sin esperar más, la ultrajó, la violó. La tomó por la fuerza y la marcó por el resto de su vida. Ella lo miró a los ojos y con furia le dijo:

–¡Nunca fui tuya, maldito!

Tras quedar saciado, el desalmado hombre se retiró, riéndose y ella quedó marcada, sin poder evitar sentir vergüenza. Se sentía sucia por dentro y por fuera, con la sensación de que sus ilusiones de mujer y su dignidad habían sido robadas en el lapso de unos pocos minutos. Una y otra vez se preguntaba: "¿Cómo hago para que mis padres no lo sepan? Voy a lograr que nadie lo sepa. Me siento demasiado sucia".

La hermosa joven, soñaba con casarse con su príncipe azul, con su hombre amado, vestida de blanco, llegando a la iglesia para la ceremonia y encontrar allí al padre de sus hijos, esperándola con una sonrisa. Era

La historia de un joven bagabundo

el mismo sueño que toda mujer alberga en su corazón, pero en su caso, esto no fue así.

Pasaron tres meses y la mujer hermosa se dio cuenta que estaba embarazada. Se sentía confundida, frustrada, sola y no sabía que hacer. Lo único en lo que podía pensar era en abortar, porque aún era una niña y sentía mucho miedo de que sus padres supieran de su estado y no creyeran lo que había sucedido en realidad. Hacía todo lo posible para que sus padres no se dieran cuenta de los cambios que estaba experimentando su cuerpo poco a poco: se vestía con ropa grande, floja y holgada para que no vieran que su vientre comenzaba a abultarse. Tomaba brebajes para que el bebé no naciera, deseaba liberarse de aquello porque no lo había buscado, ese niño era fruto de la violación de aquel hombre que le quitó su honra y su inocencia de niña. No podía dejar de pensar que ella no merecía tanto infortunio.

Su vientre creció un poco más durante los próximos tres meses y sus padres descubrieron supieron que estaba embarazada. La amenazaron y la golpearon, culpando a su novio adolescente, creyendo que había sido él quien la había deshonrado. La hermosa mujer les dijo a sus padres toda la verdad: que "un hombre desconocido" la había tomado por la fuerza y la había violado sin que ella pudiera oponer resistencia y amenazándola con matarla sin no hacía lo que él quería.

–Por favor créanme ahora. Todo este tiempo callé por vergüenza a ustedes y por miedo de que ese hombre volviera y les hiciera daño. Yo no tuve la culpa de lo que pasó y nunca había visto a ese hombre que salió de la nada. No sé ni como se llama ni a donde vive, sólo sé que me hizo mucho daño.

A pesar de las súplicas, sus padres no le creyeron por haber callado la verdad seis meses. La madre la echó de la casa argumentando que ese hijo que llevaba en su vientre era un hijo sin padre y este hecho tan atroz, manchaba el apellido de la familia.

Con sus seis meses de embarazo, la joven no podía dejar de sentir que no quería tener a ese hijo no deseado, producto de una violación y pensó en quitarse la vida, porque creía que ya no valía nada. La violación la dejo ciega de dolor y bronca por llevar dentro de su cuerpo a un hijo que iba a nacer sin padre.

Caminó hacia una loma y subió por la colina con la idea y el deseo de matarse. Al llegar a la cúspide, miró hacia abajo y se dejó caer. Rodó por el empinado y llegó al suelo desmayada. Tuvo la fortuna de que una familia que pasaba por el lugar la viera y acudiera en su ayuda. Se dieron cuenta que estaba embarazada y sin pensarlo dos veces, la llevaron inmediatamente al hospital más cercano. Los doctores salvaron su embarazo.

Saúl nació en el año 1969.

EL NACIMIENTO DE UNA GRAN HISTORIA

Así PASARON TRES meses más, los últimos para llegar al término de su embarazo. Llegó por fin el gran día de dar a luz a su bebé. Fue un varón grande y fuerte, de piel blanca y ojos verde claro. Se parecía a su hermosa madre en algunos aspectos. Sin embargo, el destino de ese niño era otro, porque era fruto de una violación. Él no tenía ninguna culpa de lo ocurrido y no imaginaba lo que le esperaba. Su madre no lo quería porque al verlo, recordaba todo lo que a ella le había pasado aquella fatídica tarde.

Saúl era un niño alegre, risueño y simpático pero él no se daba cuenta que su madre no le daba amor ni cariño. No percibía esto conscientemente porque aún era un bebé de meses. La mujer se fue a un pueblo lejano del que vivía para que nadie la conociera ni la viera con su hijo y la señalara con el dedo como la mujer que tuvo a un hijo sin padre. Ella ya se avergonzaba de su propio hijo y de su situación y no deseaba sumar humillaciones de afuera. Se alejó de todos, incluso de sus padres. No volvió a saber más de su familia y no buscó el contacto, porque no quería que la criticaran y la siguieran humillando.

Llegó a un restaurante a pedir trabajo, se presentó cargando a su hijo Saúl dentro de una caja de fruta porque no tenía donde acostarlo, y los dueños, al verla en esta condición y sufriendo tanto, le dieron el puesto.

Pasó un mes y la hermosa mujer trabajaba de mesera. Se la veía tan bella haciendo su labor, que le llovían las propinas de los clientes y admiradores que al verla tan hermosa le preguntaban si era soltera. Ella respondía que sí, pero que tenía un hijo. Sin embargo, a esos hombres no le interesaba que ella tuviera un hijo, así como a la mujer tampoco le interesaban las propuestas de esos caballeros ya que no podía olvidar aquel pasado tan horrible que la perseguía con el recuerdo del hombre que la había violado.

La hermosa mujer pensaba que todos los hombres eran iguales, que al tocar a una mujer la destruyen, haciendo con ella lo que se les antoja para dejarla luego llena de culpa y vergüenza. Ella tenía tanto rencor por lo que le tocó vivir, que su corazón se enfrió aunque la vida siguió su curso. Era joven y hermosa y tenía mucho por vivir. La tristeza más grande la sufría el pequeño Saúl y la sufrirá por el resto de su vida porque la frialdad de una madre es algo que se sufre, es una sensación que el niño ya siente desde que está en su seno.

Cuando su madre lo deja en su caja-cuna, el pequeño Saúl es un niño desprotegido que duerme debajo de una mesa, dentro de esa caja de madera. Mientras su mamá esta trabajando de mesera, Saúl pasa el tiempo dentro de la caja y cuando su madre tiene que darle de comer lo alimenta, aunque le fastidia tenerlo cerca de ella, y luego que él queda satisfecho, lo regresa a su sitio, lejos de ella. Así Saúl va conociendo a su madre y percibe el desprecio que le tiene.

Con los días y las semanas, Saúl ya es un niño que se hace querer. Es noble, cariñoso, sentimental y juguetón, pero su madre no valora estas virtudes ni tiene en cuenta los sentimientos, el cariño, el aprecio y el respeto que su hijo se merece de ella.

La mujer es así y actúa de esta manera porque le hicieron mucho daño, porque jamás imaginó que todo esto le ocurriera a ella. Su corazón se fue endureciendo porque perdió el cariño de sus padres, porque cuando pasó por uno de sus peores momentos, ellos no la apoyaron ni la comprendieron. La despreciaron y la trataron de mentirosa, echándola de la casa. Por eso tiene la sensación de que sus padres nunca la quisieron y eso la hace sentir muy mal. Quizás su error fue callar lo que pasó, pero era tanto su temor y su vergüenza... nunca creyó que la hermosa mujer iba a quedar embarazada.

Seis meses más tarde, Saúl ya tenía dientes, se sentaba solito, se paraba arriba de la caja y se ponía a gritar que quería los brazos de su madre. Pero ella tenía que trabajar y no podía darle toda su atención. Entonces, el niño inquieto, salía de la caja donde dormía porque ya no quería permanecer más tiempo allí. Le fastidiaba ese lugar, no jugaba, no se divertía y no hacía más que llorar. Su madre se frustraba también y si bien buscaba entretenerlo un poco, en realidad ya no sabía qué hacer con él, porque cuanto más iba creciendo, más eran los berrinches con los que reclamaba con insistencia los brazos de su madre porque necesitaba sus brazos, su calor, su cariño y que lo arrullaran. Ya no quería esa caja fría y solitaria.

Su madre no tenía el tiempo para hacer todo lo que el niño requería, era poco el tiempo que podía estar con él. Los meses fueron pasando y Saúl cumplió un año.

Un año después, Saúl ya caminaba con pasos firmes. ¡Era tan hermoso! Blanco de tez, sus ojos verdes claro, y su pelo chino y güero. Era muy juguetón, se pasaba el tiempo entretenido en sus juegos. También era comilón. Su madre vivía regañándolo porque se iba a la casa de los vecinos, ya que todos querían tenerlo en su casa para jugar con él. Y Saúl, que necesitaba cariño –algo que su madre no le daba– buscaba el amor en otras personas ajenas a su familia.

La mujer seguía trabajando en el restaurante, sintiéndose sola, desolada y angustiándose al pensar en el futuro. "¿Qué va a pasar conmigo? ¿Y con Saúl? ¿Qué voy a hacer sola? ¿Estaré sola por siempre?", se preguntaba una y otra vez. Pero luego se consolaba diciéndose a sí misma: "Sólo Dios sabe que va a ser de mí y de Saúl. Me abandono en sus manos".

La historia de un joven bagabundo

Meses más tarde, llegó un día un joven alto y moreno a comer al restaurante donde trabajaba la hermosa mujer. Cuando el joven la vio, se enamoró inmediatamente de ella, pero la mujer no reparó en él porque lo vio como uno más de los clientes que atendía diariamente. El muchacho empezó a frecuentar el lugar y el día que se le presentó la oportunidad, le preguntó: "¿Señorita, como se llama usted?" La mujer no respondió a su pregunta. Pero el hombre regresó al día siguiente para verla de nuevo y hacer la pregunta una vez más. Al igual que el día anterior, la mujer lo ignoró pero él no se dio por vencido.

Comenzó a ir más seguido y la joven comenzó a darse cuenta que estaba realmente interesado en ella. Sin embargo, ella no quería sacar ese fuego que traía dentro de su corazón, porque no se daba cuenta que en realidad necesitaba el amor y el cariño de un hombre. No se daba cuenta lo equivocada que estaba al pensar que todos los hombres son malos. Hay hombres cariñosos, sinceros y que por nada del mundo le harían daño a una mujer.

Así fue pasando el tiempo, y poco a poco ese joven se ganó el corazón de la mujer hermosa que él tanto deseaba tener en sus brazos para darle todo su amor y cuidados. Conoció a Saúl, el hijo de la mujer, quien todavía no sabía lo que sucedía a su alrededor ni en la vida de su madre. Para ella era igual dejarlo solo o con algunas personas que lo cuidaran y el tiempo que pasaban juntos era muy poco.

Ella se enamoró profundamente de este hombre. Nunca imaginó poder volver a enamorarse así de alguien al punto de que Saúl empezó a llamarlo "papá". El joven ya vivía con la mujer y si bien no era el padre de Saúl, el niño era tan cariñoso que lo llamaba "papá", cosa que no molestaba ni al joven ni a su madre.

A pesar de que la relación entre ellos iba muy bien, ese hombre tenía un defecto: era muy celoso, posesivo y manipulador. A pesar de esto, la joven estaba enamorada, sin saber que él tenía otra vida aparte, con familia e hijos. Así la tuvo engañada por mucho tiempo.

Tiempo después, cuando Saúl ya estaba a punto de cumplir sus tres años, seguía respetando y sintiendo cariño por su padrastro a quien ya casi veía como su verdadero padre. Por otra parte, cuando la mujer supo que el hombre que estaba a su lado tenía otra familia, sintió que se moría de dolor y angustia. Se sintió engañada y decidió echarlo de su casa. Pero él no se fue, el hombre malvado y manipulador se quedó, sabiendo que tarde o temprano, la joven mujer iba a doblegarse a sus pies. Ella terminó comprendiéndolo y aceptándolo una vez más, porque el amor que sentía por él era ciego y le impedía ver el peligro en que se encontraba permaneciendo a su lado.

Cuando ella lo perdonó y le permitió seguir viviendo en su casa, se dio cuenta que había sido un error y una mala decisión, y empezó a sufrir golpes, maltratos y engaños, porque él tenía otras mujeres. Sin embargo, y a pesar del terrible sufrimiento, ella callaba y se aguantaba todo por el amor que creía tenerle. Sentía que iba morir de dolor, pero por otro lado pensaba que si discutía él terminaría yéndose lejos y ella quedaría nuevamente sola.

El hombre joven sabía lo que hacía con esa hermosa mujer, era consciente del daño que le producía y sin embargo, ella no admitía que a su lado tenía un hombre traicionero y mujeriego, que seguía a su lado sólo porque era hermosa y porque ella le hacía sentir seguro de su amor.

Cinco meses después, la hermosa mujer quedó embarazada del hombre joven. Ella se sentía feliz porque creía que a él le iba a dar gusto la noticia, a pesar de que era poco lo que conversaban. Pero un día, la mujer le dijo:

–Te tengo una sorpresa, mi amor.

Ese día, el hombre estaba muy cortante con ella, pero la miró esperando que continuara.

–Estoy embarazada.

–Bueno, qué bien, ya era tiempo de que me dieras un hijo.

Ante estas palabras, la mujer se sintió feliz porque le iba a dar un hijo al amor de su vida, aunque nunca imaginó que él la iba a tratar tan mal y que iba a humillarla tanto. Ella se imaginó que, como buen esposo, la iba a cuidar y proteger durante sus nueve meses de embarazo. Pero no fue así, todo lo contrario. Cuando a la mujer empezó a crecerle el vientre con el paso de los meses, él se burlaba de ella diciéndole que se estaba poniendo gorda y fea, pero la mujer, que lo amaba tanto soportaba todo esto y mucho más de ese hombre tan cruel y despiadado. Él gozaba viendo como esa mujer tan hermosa se humillaba. Ella estaba tan ciega de amor que por momentos se olvidaba que existía su hijo Saúl y toda su atención estaba dirigida al hombre joven.

El amor que esa mujer sentía por aquel hombre era tan grande que sentía que no podía vivir sin él. Así fue pasando la vida de la joven hermosa, triste e infeliz, permitiendo que ese hombre se aprovechara de ella porque estaba sola. No tenía a nadie quien la defendiera de ese machista abusador. Era tan desalmado y tan egoísta ese hombre, que la obligaba a que se hincara a besarle los pies. Ella le decía que no podía a causa de su vientre abultado y él no hacía más que reírse, burlarse y obligarla a hacer lo que él quería para humillarla. No se daba cuenta que su dignidad estaba debajo de la suela de los zapatos del hombre cruel.

Era tanto el sufrimiento que ella sentía que a cada momento de su embarazo, pensaba en abortar. No se alimentaba correctamente y no dormía por las noches de tanto llorar por la angustia, la nostalgia y la soledad que sentía por no tener a su hombre que tanto amaba cerca y tener que afrontar sola tantas dificultades. Él no dormía con ella porque vivía en la casa de su esposa, con su familia.

LA HISTORIA DE UN JOVEN BAGABUNDO

Al poco tiempo, ella dejó de trabajar en el restaurante porque el hombre se lo exigió. Al no tener dinero para mantenerse, empezó a pasar hambre y se la veía mal vestida. Ella y su hijo sufrían maltratos, golpes y vivían en la tristeza de ser manipulados por ese hombre machista y sin corazón, que sólo pensaba en él y en hacer daño, por el simple hecho de creer que podía hacerlo y que todos tenían que obedecerlo porque él consideraba que su mandato era ley.

Estos son los hombres que se aprovechan de las mujeres porque saben que ellas no tienen la misma fuerza para enfrentar las vicisitudes de la vida. Estos son los cobardes que lastiman al más débil, que hacen daño a mujeres y niños porque no se pueden defender.

Así lo había comprendido la hermosa joven de vientre hinchado que se sentía impotente y al borde de la desesperación.

El nacimiento de la niña Chayito

Chayito nació en el año 1973 con el nombre de Sagrario. Cuando la hermosa mujer iba a dar a luz a la bella niña, ella sintió que quería morir junto con su bebé, no quería seguir viviendo porque su hombre no estaba con ella, en el momento del parto. Los vecinos, al verla tan mal, se ofrecieron a llevarla al hospital pero en ese momento llegó el hombre y la encuentra muy mal, tirada en el piso, pariendo ahí mismo.

Cuando la vio, se dio cuenta que si no hacía algo rápido, la madre y la hija que ya pugnaba por salir, estaban en serio peligro. Él fue el partero de su propia hija. Estaba tan asustado en esos momentos que casi no podía respirar, pero a la vez, de pronto, se sentía feliz porque tenía en sus brazos a una hermosa niña blanca con unos grandes y bellos ojos azules. Era una niña tan hermosa como su madre.

Madre e hija eran tan parecidas como dos gotas de agua. Pero la pequeña nació tan flaquita y chiquita por las carencias de su madre durante el embarazo. La mujer no se había alimentado como era debido. A menudo, sólo comía un mango por la mañana, otro por la noche y un poco de jugo de la misma fruta. Ese era todo su alimento, ya que no le importaba su salud ni su embarazo. Ella sólo pensaba que no tenía el amor de su esposo y lo añoraba mucho, pero cuando recordaba cuánto la humillaba y cómo se burlaba de ella, se sentía morir. En esos momentos de intenso dolor, prefería morir a que su hombre la abandonara por otra mujer.

Él no sabía que esa mujer hubiera sido capaz de dar la vida por aquel hombre y no le importaba nada de lo que hacía, a pesar de que él nunca la valoró ni la tuvo en cuenta como madre de su hija.

Era tanto el dolor de la mujer que no podía evitar mostrarse fría y distante con su primer hijo, Saúl y con la bella niña llamada Chayito.

Cuando Chayito nació, Saúl ya era un niño de cuatro años que sabía un poco de la tristeza por la que estaban pasando su madre. Como aún era un niño no entendía ciertas cosas, y aunque su padecimiento era parecido al de su madre, colaboraba cuidando a su hermanita. La quería mucho y la protegía. La madre de los pequeños se recuperó, se fortaleció luego de tanto sufrimiento, y ella y sus dos hijos se fueron a vivir a la ciudad de Michoacán. Dejó a ese hombre porque ya no aguantaba el hambre y ver cómo sus hijos le pedían de comer. Llegó a un vecindario en busca de un trabajo.

La historia de un joven bagabundo

Se ofrecía para lavar y planchar y hacer cualquier tipo de tareas domésticas.

—¿Cómo estás tú? ¿Qué necesitas, querida? —le dijo la dueña de una de las casas en las cuales llamó.

—Mal señora, acabo de llegar de muy lejos y no hemos comido ni mis hijos ni yo. He tocado su puerta para pedirle si me puede dar algún trabajo para limpiarle su casa o planchar su ropa.

La señora miró a la joven y a los dos niños y se le partió el corazón al ver a una mujer tan bella sola, sin dinero y con dos hijos necesitados de alimento. Entonces le dijo:

—Entra a mi casa, muchacha. Dime, ¿de dónde eres?

—De un pueblo. Soy de un rancho de Jalisco, pero me vine hasta Michoacán.

—¿Y cómo te llamas?

—Me llamo Lurdes y éstos son mis hijos: Saúl y Chayito.

—¿Y tu esposo?

—No tengo esposo, señora. Lo dejé.

La señora le dio trabajo en su casa para planchar ropa, limpiar y otras tareas domésticas y hasta le permitió vivir allí. La señora era la dueña de la vecindad y no tenía hijos. Ella y su esposo se encariñaron tanto con Saúl y Chayito, que le decían a la mujer hermosa que nunca se marchara. Ella respondía que no lo haría ya que estaba muy bien allí y le daba gusto que ellos quisieran así a sus hijos.

Saúl era un niño encantador que lograba ser querido por todos. Era chistoso, platicador y juguetón. Chayito era una beba tan tierna y cariñosa que inspiraba dulzura a quien se acercase a ella. Saúl, un poco más grande, empezaba a preguntarse qué ocurría cuando miraba la soledad y sentía la tristeza de su madre y no podía evitar preguntarle:

—Mamá, ¿mi papá ya no va estar con nosotros, verdad? Sé que tú no lo quieres porque él te pega. Ya no llores, yo estoy aquí contigo para que mi papá no te pegue más. Yo te voy a defender de él.

Saúl era un niño fuerte, valiente, sentimental y cariñoso con su madre, pero ella tenía su corazón y su mente puestas en ese hombre machista, mal padre y mal compañero.

Un día, la señora de la vecindad le dijo:

—Lurdes, ¿no quieres ir con nosotros a los Estados Unidos para vivir y radicarte allí? Nos ocuparemos de arreglar los papeles necesarios. ¿Qué te parece?

—Claro, me parece bien y se lo agradezco, señora —le dijo Lurdes, que de pronto se sintió muy feliz.

Tiempo después todo estaba preparado. Era perfecto para Lurdes, Saúl y Chayito. Quizás hasta podrían tener una mejor vida y más oportunidades para los tres. La señora María —tal el nombre de la dueña de la vecindad— y su esposo se mostraban felices porque los cinco se irían para los Estados Unidos.

El gran viaje

Pasaron tres meses y la mujer hermosa nunca imaginó que ese hombre tan dañino la estaría buscando por cielo y tierra. No lo supo hasta que él la encontró y estuvieron frente a frente. En ese momento se olvidó de que iba a hacer un gran viaje. Lo miró y se arrojó a sus brazos con mucho amor. Una vez más, el hombre se salió de nuevo con la suya y volvió a ganar. Después de todo, ella era una mujer ciega de amor, ignorancia y muy fácil de convencer.

Cuando el niño Saúl lo vio, no le dio nada de gusto ver a su padrastro, porque él sabía que era malo y que había hecho mucho daño a su familia. Pero él no podía hacer nada porque era muy pequeño.

A los días de aquel encuentro, el hombre se los llevó a los tres a donde vivían antes. No fue fácil, ya todo era diferente. Saúl empezó a crecer más, y el padrastro comenzó a darle malos tratos al niño. Lo golpeaba, lo humillaba y le decía que era un bastando. Sin embargo, el pequeño permanecía callado, escuchando y no respondía a los insultos ya que el hombre le había dicho que aunque no fuera su padre, debía respetarlo como tal. Por eso Saúl, simplemente decía: "Sí, papá".

Para Saúl ese hombre malo era su padre, era la imagen del único hombre que vio como su progenitor ya que no conoció a su padre porque nació como fruto de una violación.

Saúl empezó a sentirse solo y desprotegido tanto de su madre como de su padrastro. Poco a poco, empezó a saber y a distinguir lo bueno y lo malo que lo rodeaba. Veía como, cuando su padrastro lo maltrataba física y verbalmente, su madre no lo defendía de ese mal hombre y no ponía freno a tales agresiones. Ella se comportaba como si él se lo mereciese por portarse mal. Por esto, Saúl empezó a alejarse de su familia poco a poco. Siendo tan pequeño, era un niño muy inteligente que se daba cuenta de todo cuanto pasaba y veía que su madre prefería más a su padrastro que a é. Saúl sentía el desprecio de su madre. Nunca sintió una caricia o un beso suyo. Se escondía de su padrastro cada vez que podía y ya no quería ni verlo porque le tenía demasiado miedo y era consiente de que debía cuidarse él mismo porque su madre no iba a protegerlo de los golpes.

Saúl empezó a tener rencor y mucha tristeza en su corazón. Tenía sólo seis años y la pequeña Chayito apenas dos. El niño sentía que sólo tenía a su hermana a quien tanto quería. Le decía que cuando él creciera y fuera mayor, se la iba a llevar lejos de sus papás, para que no sufriera más golpes y maltratos, como él los estaba sufriendo. Pero la bebé era muy chiquita para entender todo lo que su hermano le estaba diciendo.

A Saúl lo anotaron en la escuela para que asistiera a las clases y comenzara su educación. Para él todo era nuevo y solamente le gustaba estar poco tiempo allí ya que sentía mucha intranquilidad y lo atacaban emociones muy fuertes. Era un niño traumatizado, vacío en el corazón y con pensamientos de que no valía nada. Pasaba el día pensando y sintiendo su odio interior y su coraje por ser tan pequeño y permitir que le pusieran las manos encima.

La vida de Saúl y su destino fue la maldición de su propia madre, que nunca lo quiso tener, que siempre sintió rechazo hacia él y no supo darle el cariño que necesitaba. Sentía el odio de su madre hacia él y en lo profundo de su ser era consiente de que no se lo merecía, aunque el desprecio vivido le hacía pensar que su destino en este mundo era sufrir.

Dos años después, Saúl ya había cumplido ocho años y ya comprendía todo lo que pasaba con todos los que lo rodeaban. Era un niño que no quiso ir a la escuela, que se negaba a aprender. Se escapaba de la escuela, no hacía caso, ignoraba a sus maestros y se rebelaba a las autoridades. Su madre tenía muchos problemas con Saúl, y él tenía problemas con su padrastro. Era tanto su odio que hubiera sido capaz de matarlo y en los momentos de violencia veía que su madre lo defendía a él, y aunque él quería mucho a su madre, sentía una profunda tristeza por ella.

Saúl empezó a tener amigos. Salía sin el permiso de su madre ni de su padrastro. Llegaba tarde o no lo hacía porque ya no quería vivir en esa casa, con su madre y ese hombre. Él sólo quería libertad y olvidarse de todos porque sabía que ellos no lo querían. Era un niño pero pensaba y actuaba como un joven de quince años. Cuando llegaba a casa era para ver a su hermana Chayito. Si se encontraba con su madre, ella lo miraba y comenzaba a quejarse y a retarlo por no llegar a casa a dormir. Entonces su padrastro lo agarraba, lo desnudaba y con una manguera lo mojaba completamente y lo golpeaba cruelmente hasta que veía cómo le sangraba todo el cuerpo, dejándolo tirado y casi desmayado de tantos golpes recibidos. El hombre gozaba del maltrato que le daba a Saúl, se sentía macho y consideraba que así tenía que educarlo. Su madre sólo miraba y no hacía nada para salvarlo de las garras de ese cruel padrastro.

Saúl era tan noble de corazón y tan sensible, que lloraba de dolor al pensar cómo le pudo tocar a él unos padres tan crueles.

ATRAPADO EN LAS DROGAS, EL HAMBRE Y EL FRIO

ÉL SE SENTÍA tan solo que se refugiaba en su propia soledad, en las calles y tiempo más tarde, en las drogas. Se drogaba para no saber nada de lo que pasaba a su alrededor y con él mismo. Lo hacía para calmar el hambre y el frío, porque no tenía a nadie que lo cuidara y se preocupara por él. A su lado sólo estaban su tristeza y su agonía de vivir. Saúl pasaba el tiempo sin saber nada de su padrastro y su familia. Cuando llegaba a su casa a ver a su hermana Chayito, a ella le daba gusto verlo. Era su hermano favorito. La niña ya tenía cuatro años de edad y conversaba mucho con Saúl, quien le llevaba regalitos cada vez que podía.

Para sobrevivir, Saúl empezó a robar comida de las tiendas para alimentarse y luego ya no sólo era comida sino cosas de más valor. Se metía en las casas a robar lo que pudiera. Pasaba el tiempo solo y drogado en la calle. Los que lo veían al pasar, pensaban que no tenía familia, que era un niño abandonado, y si, estaban en lo correcto porque aunque Saúl si tenía una familia, ninguno de ellos jamás lo cuidó ni le dio un solo consejo.

Saúl nunca escuchó una palabra alentadora, cariñosa o un consejo de su familia, sólo reproches y palabras humillantes de abuelos y padres. Después de todo, él era solamente un niño que en estos momentos necesitaba mucha terapia para salir adelante por todo lo que él estaba sufriendo en su hogar, en la calle y con las drogas. A pesar de lo perdido que se encontraba, Saúl era un muchacho noble de corazón. Su sueño era ser un gran pintor. Se lo contaba su hermana Chayito, quien con su corta edad miraba como su padre maltrataba a su hermano y sentía que no lo quería, a pesar de que era su padre. Pero Saúl era su hermano y no era justo que lo maltrataran de ese modo.

La niña estaba pasando por lo mismo que Saúl y ya le decía a su hermano que quería irse con él. Chayito tenía ya siete años y Saúl once.

Chayito era una niña muy soñadora, alegre, a quien le gustaba cantar y volar con la imaginación hacia el lugar donde estaban resguardados todos sus sueños. Ella siempre le decía a su hermano Saúl:

–¡Cómo quisiera ser una muchacha grande para irme lejos de aquí!

–No, tú vas a estudiar y vas a tener una carrera para tu futuro, Chayito –le respondía él.

A ella le gustaba platicar con Saúl, porque él era único que la escuchaba y la defendía de su madre, quien trataba a su hija igual que a Saúl. Chayito era una niña noble de corazón y de alma, pero con una gran rebeldía interior que se desataba cuando veía cómo trataban a su hermano. No soportaba ver que su propia madre tratara a un hijo como si fuera su enemigo, no comprendía por qué su madre era tan cruel y de mal corazón con sus propios hijos.

Cuando la mujer le pegaba a Chayito, la niña le preguntaba:

—¿Por qué me pegas tanto?

—Porque saliste igual a tu padre —contestaba Lurdes.

La niña no comprendía su respuesta pero se daba cuenta que algo le había pasado a su mamá. Chayito pensaba que si lograba que su madre le hablara de aquello que tanto la angustiaba, ella la iba a comprender, pero a la mujer no le gustaba conversar con su hija y mucho menos de temas personales. Era vergonzoso para ella que un hijo le preguntara qué le sucedía.

A Chayito, que ya era una niña de siete años, le gustaba jugar con sus amigas, pero su madre no la dejaba salir. La castigaba dejándola sin diversión dentro de la casa. Chayito lloraba y su madre le gritaba constantemente. Le decía que tenía que aprender a lavarse su ropa y a limpiar la casa. Entonces la pequeña, para tener un rato ocupado, limpiaba y lavaba, ayudando en las tareas domésticas. A pesar de esto, como Chayito era tan alegre, el tiempo que dedicaba a tales quehaceres, se lo pasaba cantando e imaginando que era una artista de veinte años. Ella era una niña noble y tenía un Cristo siempre con ella que la cuidaba de todo mal y a la virgen de Guadalupe, a quien siempre le pedía por su madre, para que la quisiera, fuera feliz y cambiara, dejando de sentir ese dolor tan punzante en su corazón. También le pedía por su hermano, para que lo cuidara de los peligros de la calle. La niña lo extrañaba mucho. Era su hermano querido y favorito. Deseaba que todo fuera distinto. No podía dejar de llorar al saber que su madre sufría por dentro. Esperaba que algún día, ella supiera que Chayito y Saúl existían en su vida y en el corazón de madre.

Chayito salía a comprar las tortillas que su madre le encargaba y veía de lejos a su hermano Saúl, entonces ella iba corriendo a abrazarlo ya que a él le daba mucho gusto verla y estar con ella. Se quedaba un rato con él y se le olvidaba el mandado de su madre. Tardaba más de lo normal en regresar porque estaba con su hermano jugando, corriendo y, cuando les daba hambre, entraban a una tienda y sacaban pan para los dos y se iban sin pagar, riéndose. A ella no le importaba si lo que su hermano hacía estaba mal; ella era feliz de compartir alegrías con él. Cuando se daba cuenta de que debía regresar a casa con su madre, había pasado bastante tiempo y ella pensaba "mamá me va a pegar" entonces se despide de su hermano con un abrazo y diciéndole:

–Cuídate mucho. Te quiero, hermanito.

–Yo también. Vete ya porque mamá te va a golpear.

–No me duele –le dijo–. Adiós –se despidió y se fue corriendo sin voltear para atrás, porque sentía que muy pronto lo va a volver a ver.

Vuelve a casa con el corazón apretado, tratando de contener el llanto, porque sabe que si su madre se entera que estuvo con Saúl, la golpiza va a ser doble y mucho más si se entera su padre.

Chayito era tan inteligente que callaba todo. La regañaban, pero a ella no le interesaba porque era feliz viendo a su hermano Saúl. Era una niña creyente, muy allegada a Dios, al que siempre le pedía por toda la gente mala, para que transformara su corazón en uno bueno. Le pedía a Dios por ella misma, para que no permitiera que fuera mala. No deseaba ser como su madre. Para ella era todo bonito y todo lo feo debía ser bello. Era todavía una niña de siete años, y a esa edad, todo se mira de color rosa y no del color oscuro que es.

La niña le preguntaba a su madre por qué no venía su abuelita a verlas, es decir, la mamá de su mamá. La mujer le contestaba que porque ellos vivían demasiado lejos, pero que algún día vendrían a conocerla. Entonces ella se ponía contenta de saber que tenía abuelos y que quizás muy pronto los iba a conocer.

Tiempo después la hermosa mujer un día por la tarde se llevó la gran sorpresa de su vida al enterarse que sus padres la andaban buscando desde mucho tiempo atrás porque no habían sabido nada más de ella. Arrepentidos de todo lo sucedido y por todo lo que ellos le habían hecho a su hija, sentían remordimientos por no haberle creído y apoyado cuando ella más lo necesitaba. Los padres de la mujer se enteraron del nacimiento de Saúl por unas personas que le habían ayudado a dar a luz al pequeño y que fueron las que les dijeron que ese niño había sido fruto de una violación.

Cuado le tocaron la puerta de su casa ese día por la tarde, ella nunca imaginó que los iba a ver otra vez frente a ella. Cuando abrió la puerta y los vio, quedó sin habla, sin parpadear y su corazón se detuvo por unos segundos y luego empezó a latir fuertemente cuando los abrazó y los beso con fuerza. La mujer pensó que estaba soñando y deseó no despertar nunca de ese sueño.

La hermosa mujer hizo pasar a sus padres a su casa. Ellos no dejaban de abrazarla y de llorar. Su padre le dijo:

–Hija, quiero que me perdones por haberte echado a la calle, fui un padre que no supo escuchar la verdad de su hija, que sólo pensó en su reputación y en su apellido. Me confundí como padre, te he buscado por cielo y tierra durante todos estos años. Todos me decían que te habían visto en un lugar y otro pero era mentira porque no estabas en esos lugares. Pero Dios me ayudó y por fin te encontré sana y salva.

La hermosa mujer lo escuchó y le respondió:

–Papá, si tú supieras como he sufrido todo este tiempo que no he estado con mis padres... he llorado sangre, y he sentido un dolor muy profundo en mi corazón. Todos estos años los he añorado y necesitado tanto que no se lo imaginan. Mi vida ha sido un fracaso pero lo superaré poco a poco. La agonía que yo he vivido no se la deseo ni a mi peor enemiga. Pero ahora me

La historia de un joven bagabundo

siento la mujer más feliz de la tierra porque los tengo aquí conmigo y no los voy a dejar nunca más irse de mi lado. Yo no soy quién para perdonarte, papá, sólo Dios perdona. Yo soy sólo tu hija, papá y como madre me siento fracasada, no he sido la mejor madre para mis hijos. He sido dura con mi hijo Saúl que ahora no está conmigo y se la pasa en la calle, drogándose y robando. ¿Qué puedo hacer? Ya no lo quiero más en mi casa. Es un bueno para nada, no sirve para nada bueno y no lo quiero.

Su padre, que trabajaba para el gobierno le dijo:

–Hija, no sufras más. Quisiera conocer al niño para meterlo en una correccional, para que te respete y respete lo ajeno.

–Sí, papá.

La hermosa mujer apoya la idea de su padre, y todo lo que hacía Saúl se lo comunicaba. El abuelo de Saúl nunca lo quiso porque fue el culpable de todo el problema de que su hija no estuviera con ellos, era tanto el odio que le tenía a Saúl que lo culpaban hasta del más mínimo problema. El niño no comprendía por qué lo odiaban tanto. Él era noble de corazón e ignoraba todo lo que pasaba a su alrededor.

La madre de la hermosa mujer lloraba mucho al oír todo lo que su hija le contaba. La madre se sentía culpable de todo cuanto había ocurrido, porque ella tampoco fue una buena madre, no protegió a su hija ni estuvo con ella cuando más la necesitaba. La mujer le suplicaba a su hija que la perdonara como madre y como amiga. Ella le decía:

–Hija, no fui tu amiga porque no supe escucharte y tampoco fui madre porque no te protegí en mis brazos todo este tiempo. Ha sido un dolor muy grande no tenerte. Lo siento mucho. Perdónanos a tu padre y a mí, hija querida, por todo el daño que te hemos hicimos. Hemos pagado caro no tenerte cerca de nosotros.

La hermosa mujer no podía creer todo lo que estaba escuchando de boca de sus padres. No podía creer que le dijeran palabras tan bonitas que ella siempre quiso escuchar, especialmente en los momentos de más dolor y sufrimiento. La mujer lloraba de sentimiento y felicidad.

–Mama, ¡Si ustedes supieran cuánto los quiero!

A Chayito le dio mucho gusto haber conocido a sus abuelos, pero al escuchar al abuelo hablar mal de su hermano Saúl sin siquiera haberlo conocido... a la niña le pareció que el hombre no era tan buen abuelo. Hablar mal de los nietos no era algo que hicieran los abuelos cariñosos.

La niña era muy observadora de todo lo que pasaba y escuchaba atentamente todo lo que se comentaba en esa casa. No se le pasaba una. Era tan inteligente que todo cuanto escuchaba o veía se lo contaba a su hermano Saúl. Ella le avisaba que no fuera para la casa porque habían llegado los abuelos y el abuelo lo quería conocer para encerrarlo muy lejos de allí.

LA HISTORIA DE UN JOVEN BAGABUNDO

–No te preocupes, Chayito, donde quiera que yo esté, te voy a llevar siempre en mi corazón, y en mi mente –le dijo el niño–. Tú eres la mejor hermana que he tenido.

Chayito lloraba y con angustia le decía su hermano:
–No, yo no quiero que nadie te haga daño y me dejes sola.

La niña lloraba mucho y entre lágrimas le preguntaba:
–Saúl, ¿Tú no me quieres?

Él la abrazaba y se ponía a llorar junto con ella.
–Sí, yo te quiero mucho pero no llores, por favor. Tus ojos azules se te van a ver feos si lloras y tú eres una niña hermosa. Prométeme que ya no vas a llorar, Chayito.

A causa del llanto, la niña no podía responder con palabras, pero con la cabeza dijo que no, que ya no lloraría. Se fue triste para su casa y pensando en su hermano, en que no lo iba a ver más. Sin embargo, siguieron viéndose para jugar a las canicas. A ella le gustaban los juegos de varones que sólo podía jugar con su hermano, a escondidas de sus padres.

Un mes más tarde, Saúl fue a su casa para saludar a su madre y de paso conocer a sus abuelos, en especial al abuelo. Saúl había escuchado las palabras de su hermana acerca de él, pero le gustaba el reto. Conoció a los padres de su madre y, aunque no se portaron mal con él, no lo abrazaron como abraza un abuelo a su nieto. Sólo le preguntaron:

–¿Tú eres Saúl, al que le gusta la calle y no la casa ni obedecer?

El niño no respondió porque Saúl era noble y por dentro de su corazón, sintió alegría al saber que tenía abuelos y que había podido conocerlos. La visita de Saúl fue corta. Al rato se marchó y Chayito no lo volvió a verlo por un tiempo.

A Saúl le gustaba viajar a todas partes, conocer nuevos lugares y personas distintas. Su mente estaba en otra parte, lejos de su casa. En su mundo sólo existía él, por eso, como sabía que nadie se preocupaba de él, viajaba sin pensar si lo esperaban en casa o no.

Cuando Saúl regresó a casa de su madre a saludar a Chayito y entregarle un regalo que le traía. Cuando entró, estaba su padrastro comiendo junto a su madre y su hermana. Cuando el hombre lo vio, le gritó:

–¡Lárgate de mi casa! ¡A ti no te gusta tener casa!

Chayito interrumpe para responderle a su padre, y éste le da una bofetada. A pesar del golpe, la niña dice:

–¡Saúl no se va de la casa!

Su padre la castiga. Saúl ese día le faltó el respeto a su padrastro y le dejó bien en claro que ya no iba a permitir que le pusiera una mano encima. Ante esto, el hombre intenta pegarle pero el niño lo frena.

–Yo voy a crecer, y algún día vas a sentir los puños y cada uno de los golpes que me has dado –le dijo.

Sin embargo, en ese momento, Saúl le tenía miedo a su padrastro, porque él era muy joven y no se podía defender de alguien mucho mayor que él. El hombre

La historia de un joven bagabundo

sintió el desprecio de Saúl y se puso a pensar mientras su madre intentaba callar al niño. Cuando Saúl la miró a los ojos, se puso a llorar de rabia y coraje y le dijo:

—Mamá, un día me voy a ir lejos de tu vida para que ya no sufras más por mí porque tú me trajiste al mundo, pero sé que no me quieres. ¿Por qué, mamá? dime por qué no me quieres, por qué no conozco a mi verdadero padre y por qué tengo este hombre como padrastro. ¡Dímelo!

Su madre estaba muda ante el reclamo y los cuestionamientos que su hijo le hacía. Nunca creyó que un día Saúl le diría en la cara todas esas cosas, no pensó que iba a llegar el día en que él le reclamaría y le diría lo que sentía por dentro, en su corazón y que lo estaban matando. Se dio cuenta que su hijo le tenía odio y no pudo responder ni una palabra. Entonces Saúl se fue, una vez más, herido en su corazón y en sus sentimientos.

Al día siguiente, Saúl se metió en una casa a robar un televisor para regalárselo a Chayito, ya que se lo había prometido a la niña para que se divirtiera y no se enfadara ni se sintiera mal estando sola.

Cuando regresó a la casa, y Chayito lo vio le preguntó:

—¿Dónde está mi televisión?

—La tengo guardada, luego te la voy atraer, Chayito.

Dos días después, Saúl llegó a su casa con la televisión que le había prometido a su hermana. Su madre, al verla, le preguntó a Saúl:

—¿De dónde tomaste esa televisión?
—La compré.
—No es cierto. Regresa esa televisión porque yo no quiero problemas.
—No, mamá, es para Chayito.
Su madre se enojó y echó a Saúl de la casa con televisión y todo.
Al día siguiente, llega una señora a la casa preguntando si allí vivía el muchacho llamado Saúl.
—Sí —contestó Lurdes—. ¿Quién lo busca?
Resultó que la señora era la dueña de la televisión que Saúl había robado. La madre del niño se toca el pecho y agacha la cabeza, avergonzada.
—Sí, señora, soy su madre.
—Quiero que me devuelva mi televisor —dijo la mujer—. Si lo hace, no le va a pasar nada y no voy a denunciarlo, sólo quiero que me devuelva lo que es mío. Por favor, dígale a su hijo que lo haga, porque si no lo van a arrestar y me va a dar pena por usted, señora.
La madre de Saúl estaba furiosa y avergonzada por saber que su hijo era un ladrón. Llamó a su padre que trabajaba en el gobierno y le comentó todo lo sucedido. El abuelo comenzó a buscarlo para encerrarlo y lo encontró a los pocos días. Aunque Saúl quiso escapar lo atraparon y se lo llevaron. Chayito se enteró y sufrió mucho al saber que su hermano ya no iba a estar con ella para jugar, pasar tiempo juntos y conversar.
—Es tu hijo, mamá —le dijo la niña—. Recuerda eso. Los dos lo somos. Debería dolerte que se lleven lejos a

La historia de un joven bagabundo

Saúl y lo tengan encerrado como un animal. Tu papá es igual, los abuelos también tienen el corazón duro.

Desde ese día Chayito sintió que no estaba en el corazón de su madre y comenzó a comportarse diferente: ya no le obedecía y de vez en cuando la ignoraba. Saúl estaba lejos de Chayito y se sentía triste. Se preguntaba por qué no lo dejaban en paz, lo olvidaban y ya. No les interesaba si él vivía o moría. No comprendía qué ganaba su madre haciéndole tanto daño.

Al estar lejos de tanto odio y de recibir golpes, Saúl mejoró un poco dentro del correccional. Su sueño era ser un gran pintor, por eso empezó a pintar cuadros de madera de tercera dimensión. Eran tan bonitos que a todos les gustaba verlos; tanto a los que estaban dentro del instituto como a los padres que visitaban a sus hijos. Saúl aprovechaba para venderlos. Era un niño inteligente y tenía veta de artista. Sólo le faltaba cariño que lo guiaran, y lo previnieran acerca de los peligros de la calle. Él necesitaba mucho amor y apoyo de sus padres. Necesitaba el calor de una madre y de un hogar, pero desafortunadamente, Saúl nunca tuvo nada de eso. Se sentía solo y por eso, cuando le ganaba la tristeza, tomaba su trabajo de pintura y hacía arte acerca de su vida en la calle. Sus pinturas eran el reflejo de lo que había vivido.

—Oye, Saúl ¿Por qué en esta pintura tiene dos lágrimas en la cara? –le preguntó una mujer que miraba su obra con detenimiento.

–Una por el padre y la otra por su madre, muertos ambos. Y los lleva en la piel –respondía él.
–Se ve que este hombre está muy triste.
–¿Sí? –Preguntó Saúl.
–¿Y por qué tiene en su mano un corazos con una flecha atravesada?
–Es que él es capaz de dar la vida por su raza y su calle, donde él vive.
–¿Sabes? Tú si que eres un artista. Quiero llevármelo porque cuando lo veo me da muchas fuerzas y quiero tenerlo a la vista. ¿Me lo vendes?
–Le vendo el que a usted le guste de todos estos, pero este cuadro es sólo mío.
–Te entiendo, Saúl. Entonces me llevaré uno de estos –dijo la señora.

Así Saúl pasó un año estando solo, pero él era muy amigable. Era amigo de todos y se comportaba muy bien. Sin embargo, el abuelo nunca hizo nada por su nieto, al contrario, él quería que Saúl no saliera nunca. Pero el niño era tan inteligente que se ganó la confianza de todos los que lo rodeaban allí dentro. Todos lo querían porque era un niño alegre, simpático y bromista. Él sabía que muy pronto iba a salir de donde estaba, y así fue.

UN AÑO DE SOLEDAD

UN AÑO DESPUÉS, Saúl era libre. Nadie supo que el niño había salido del correccional. Él, de inmediato, viajó a su casa para ver a Chayito, pero sabía que no podía entrar a la casa porque su padrastro no lo quería y no quería saber nada de él, porque le había dicho que era un vagabundo sin futuro. Lo que hizo fue esperar en la calle a que su hermana saliera a la tienda a comprar y así poder verla, saludarla y decirle lo mucho que la había extrañado.

Pasó una semana y Chayito no se daba cuenta que su hermano la estaba buscando. Saúl empezó a trabajar de panadero porque quería ser un hombre de bien, y ya no deseaba seguir drogándose. Quería demostrar a los demás que él si podía ser un hombre con un buen futuro. Pero Saúl era tan joven que no se daba cuenta que él solo no podría hacerlo, que no era fácil demostrarle al mundo que sin amor y sin apoyo de su madre, y padre se podía hacer cualquier cosa. Sin embargo, seguía luchando porque creía en él mismo y sabía que podía hacerlo. Saúl se metió de panadero y comenzó a ocuparse de hornear unas ricas donas.

Como sabía que a Chayito le gustaban las donas, un día se fue a buscarla a la escuela para dársela. La esperó en el patio y en cuanto la niña lo vio desde su salón, él le hizo una seña de que la esperaba hasta que saliera a comer. Chayito estaba feliz de ver a su hermano, y saber cómo le había ido todo ese tiempo de soledad y dentro de ese lugar tan triste, tan olvidado.

Ella salió corriendo para abrazar a su hermano Saúl.

—Perdóname por no ser grande y no haber podido ir a verte a donde tú estabas, hermano —le dijo—. ¡Cómo me has hecho falta todo este tiempo! No he jugado, ni cantado y me he sentido muy sola. ¿Tú como estás? ¿Cuándo saliste de ese infierno?

—Hace unos días que llegué, hermana. Yo también te he extrañado mucho. Perdóname tú a mí, por no ser un buen hermano.

—Tú eres el mejor hermano —dijo la joven, abrazándolo—. Te quiero mucho.

—Y yo. He venido a dejarte unas donas que vendo, Chayito.

Ella lo mira, toma las donas de Saúl y le pregunta:

—¿Adónde vas?¿Y dónde vives?

—Vivo dentro de la tienda. El señor me da la posibilidad de dormir.

Cuando Saúl se estaba por ir, llegan tres jóvenes a pelear y le tiran las donas a Chayito. Saúl no quería pelear con ellos, pero la niña le dice:

—No te dejes burlas y pégales.

Y Saúl le contesta, un poco molesto:

La historia de un joven bagabundo

–No, déjalos, tú vuelve a tu salón.

Los jóvenes se burlan y le pegan a Saúl. Al ver esto, Chayito no lo piensa dos veces porque no soporta que le peguen a su hermano y agarra a golpes a los dos jóvenes. Entonces, Saúl, para defenderse del ataque, los golpeó muy fuerte hasta que les sangró la nariz y la boca. La niña vio que Saúl no quería pelear, no porque no supiera, sino porque no quería hacerlo, entonces ella se dio cuenta que su hermano era fuerte pero tranquilo.

Chayito se arrepintió que su hermano peleara de ese modo. No había tenido en cuenta que Saúl acababa de salir de estar castigado. Ella no lo dejó solo, se fue con él a la calle por unas horas. Ella le preguntó:

–¿Adónde iremos?

–Vamos a las albercas.

–Pero yo no sé nadar.

–No te preocupes, vamos a pasear ¿qué te parece?

Chayito acepta la propuesta, ya que nunca había estado en una alberca y se sentía feliz y libre de su casa, su madre, su padre y la escuela. Ella nunca se imaginó que una alberca fuera tan grande y bonita. Veía a muchas personas y niños con sus papás, divirtiéndose, entonces pensaba: "Qué bonito sería si mi mamá y mi papá nos trajeran a mi hermano Saúl y a mí a un lugar como este y fuéramos una familia feliz. Cómo me gustaría que mi hermano estuviera con nosotros, y que nunca más se fuera".

Eso era lo que ella soñaba. Era tan triste para la pequeña ver toda esa gente que estaba conviviendo juntos y ver a esas mamás que cuidaban que sus hijos no se metieran al agua y caminaban juntos. Saúl le preguntó:
–¿Te gustó la alberca?
–Sí, es muy grande. ¿Tú ya habías venido antes aquí?
–Me la paso casi todo el tiempo.
–¿De veras? –preguntó ella, sorprendida–. Qué bonito sería venir contigo siempre y como tú lo haces, porque aquí cobran para entrar. ¿Siempre te metes por encima de la barda como hoy?
–Sí, Chayito, así como hoy, brincando la barda para no pagar, ya que no traemos dinero. ¿Pero te estas divirtiendo, verdad? –dijo Saúl, riendo a carcajadas.
–Sí, Saúl, estoy divirtiéndome mucho.
La niña y su hermano jugaron por toda la alberca. Chayito metía sólo los pies. Para ella todo era nuevo y divertido. Cuando pasaron unas horas, le dio hambre y sed porque veía comer a los demás y sintió hambre fuera de su casa. Al ver a todas esas personas disfrutar de sus alimentos, se le vino a la mente su hermano y se sintió muy mal, sintió coraje y rencor al pensar que sus padres comían bien en casa todos los días mientras su hermano sufría hambre y frío y estaba solo en el mundo como un vagabundo.
Pero en ese momento llegó una señora que se acercó a Chayito y le preguntó:
–¿Dónde están tus papás?¿Por qué estás sola?

–No estoy sola, ellos están más adelante con mi hermano –contestó ella.
–Qué bien. ¿Te gustaría comer con nosotros?
La niña no lo pensó dos veces y contestó:
–Sí, señora, gracias.
Saúl no estaba con Chayito. Estaba trabajando, limpiando una alberca y ella lo estaba esperando. Cuatro horas después de haber llegado, cuando se hizo la tarde y Saúl no regresaba, Chayito fue a buscarlo por toda la alberca hasta que lo encontró.
–Saúl, vamos ya –le dijo.
–Espérame un rato y nos vamos.
–Está bien –contestó Chayito, aunque sabía que su mamá la estaba esperando y su papá iba a castigarla cuando llegara.
Un rato más tarde, la niña llegó a su casa acompañada de su hermano. Su madre estaba desesperada, la tomó del brazo y la sacudió con fuerza mientras le gritaba:
–¿Dónde has estado, Chayito? ¿Andabas con Saúl, verdad?
–Sí, mamá, estaba con mi hermano.
La pequeña le suplica a su madre que no le haga daño a Saúl, que no lo golpee.
–No le hagas nada, por favor. Yo tuve la culpa, nos tardamos por mi culpa, mamá.
Estaba tan asustada que miraba a su madre y creía que le iba a salir fuego por los ojos de tan enojada que estaba. La mujer les dice:

—¡Les voy a dar su merecido a los dos!

Chayito tomó fuerzas y con valentía dejó que su madre sacara todo el enojo y la bronca que tenía y con mucha razón. La mujer le dijo a la niña:

—Quiero que te quites la ropa y tú misma mojes un cable de la luz para poder pegarte sin la ropa puesta.

Chayito fue temblando a mojar ese cable doble y se lo dio a su madre. Saúl se arrodilló delante de la mujer y le pidió:

—No le pegues así a mi hermana, por favor.

—Tú calla, porque ahorita te va a tocar a ti también.

—Sí, mamá, pégame sólo a mí, no seas ingrata.

A Chayito desnuda no le dolían los golpes, le dolía más que su hermano suplicara de ese modo a su madre que no lo hiciera y que la viera desnuda, sólo con ropa interior. Fue fatal para ellas sentir cómo su madre la golpeaba sin piedad y la maldecía con cada golpe. La niña se daba cuenta que cada día de estar en su casa era peor. Cuando le tocó el turno a Saúl, también lo desnudó para golpearlo. La mujer le decía a su hijo, con rabia y odio:

—¡Híncate! ¡Arrodíllate ante mí!

—Sí, mamá, lo haré —respondió Saúl, dócil.

Y se hincó para que su madre lo azotara hasta el cansancio. A Chayito tampoco le dolían los golpes. No le importaban. Lo que sí le dolía era el alma, al comprobar que su propia madre la insultaba y le decía las peores cosas, como si fuera una mujer de la calle. Lo que le dolía y la atormentaba era comprobar el desamor de esa mujer que la había traído al mundo y que se llamaba a sí misma "madre".

Chayito miraba las marcas en su cuerpo de los golpes recibidos. Tenía sus miembros hinchados y rojos a causa de tanta violencia desatada. Lloraba de coraje y maldecía a su madre, preguntándose por qué no se moría, aunque de inmediato recapacitaba y le decía a Dios: "No es verdad, no deseo que se muera mi mamá. Yo la quiero mucho. Perdóname por estos pensamientos, pero es que sé que ella no nos quiere, nos odia. ¿Por qué no nos diste otra mamá buena?"

Con el paso de los días, a Chayito se le fue la bronca que sentía. Ella amaba a su madre, pero el coraje la cegaba y no le permitía comprender del todo el porqué del desamor de su madre hacia ellos.

Unos pocos meses después, la madre de los niños empezó a estar enferma. Chayito la veía todo el tiempo acostada y con la piel muy pálida. La observaba sin que su madre se diera cuenta. Le preguntaba:

—¿Qué te pasa mamá, estás enferma? Te veo muy mal.

—No te preocupes, estaré bien —contestaba la madre.

Ella se sorprendía porque su madre la miraba diferente y hasta era más buena, pero lo que Chayito no sabía era que su madre estaba embarazada, que su padre la había golpeado y que estaba abortando dos bebés.

—Mamá, te llevaré al doctor, no te preocupes, no te vas a morir —decía la niña, asustada como estaba al ver a su madre tan débil en la cama, con dolores y fiebre muy alta. La abraza, le da un beso y preocupada le pregunta:

—¿Qué te pasa? Por favor, dímelo.

—Trae agua caliente, alcohol y unas sabanas, pero no te vayas a asustar, Chayito —respondió su madre, con voz apagada por el dolor.

—No, mamá. No me asustaré.

—Necesito que me inyectes y que me limpies luego, hija. Hazlo, por favor.

Chayito no lo piensa dos veces y va en busca de lo que la mujer le pide. Cuando regresa, la ve con la ropa ensangrentada. La niña piensa: "Mi madre se esta muriendo, Diosito, perdóname por lo que dije antes, no quise decirlo, por favor. No quiero que mi mama se muera". Creía que era la culpable de lo que estaba sucediendo por haberlo deseado en sus pensamientos días atrás.

Aquella Niña atendió a su madre como si fuese una adulta. La inyectó y la limpió mientras su madre estaba dando a luz de dos gemelos de tiempo de tres meses, lo cual era un aborto. Chayito mira, toca y le pregunta a su madre:

—Mamá, ¿Qué es lo que salio?

—Son tus hermanos…

—¿Qué dices, mamá?

—Sí, Chayito. Perdí a los niños.

La niña se quedó sin habla por unos minutos.

–Por favor hija, dame esas pastillas. Y gracias por a tenderme.
–No te preocupes, no te voy a dejar que te mueras. Te amo mucho.
En ese momento, su madre, cansada y débil, se quedó dormida.
Chayito tomó en sus manos a sus hermanos sin vida y los miraba llorando. Les hablaba diciéndoles que no estaban solos, que ella los iba a recordar siempre. Era sólo una niña, pero que en unas pocas horas se convirtió en una adulta. Supo del dolor de ser madre, sin ser madre, se dio cuenta cómo nace un hijo, y cuánto sacrificio hay que hacer para lograrlo.
Estuvo todo ese tiempo en que su madre dormía, mirándola y cuidando de ella. Pasó una hora y ya tenía a sus hermanos envueltos en una cobija para enterrarlos. Fue al patio de la casa, hizo un pozo, construyó dos tumbas pequeñas, tomó un poco de agua bendita que su madre usaba para bendecir la casa y enterró a sus hermanitos con lágrimas en los ojos y una gran angustia en el pecho. No dejaba de llorar. Era para ella un gran dolor no haber conocido a sus hermanitos. Les rezó un padrenuestro y bendijo las pequeñas tumbas como si fuese un sacerdote. Finalmente, llenó el lugar de flores, que sacó de su jardín.
Cuando su madre, despertó, la miró fijo a los ojos.
–Ven Chayito –le dijo.
Ella se acerca y llorando abraza, a su madre y la escucha hablar.

–Sí, mamá, dígame.

–Mira, hija, quiero que a partir de este día, por favor, no le comentes nada a nadie de lo ocurrido. Guárdatelo como mujercita que eres tú. Todavía eres muy pequeña, pero me salvantes la vida. Por favor no te asustes, esto le pasa a toda mujer, tener el dolor de perder un hijo, pero tú eres una niña inteligente, entenderás y poco a poco te darás cuenta cómo sufre una mujer, no sólo en un parto, también cuando el hombre con el que compartes tu vida y tus alegrías, no te valora. Es muy difícil de explicarte, no entenderás ahora, pero algún día te lo diré.

Chayito en ese momento comprendió a su madre. Supo que ella estaba pasando un gran dolor en su corazón. La niña sólo le dice:

–No te preocupes, mamá. Ahora duerme y no hables, que te va a hacer daño.

Unos días después de lo sucedido a su madre y Chayito, se ocupó de cuidarla hasta que ella pudo levantarse de la cama. La niña se sintió como si fuera una persona adulta. Era muy inteligente y se dio cuenta que podía inyectar, ya que diariamente lo practicaba con su madre, inyectándole vitaminas. No podía creer que con sólo nueve años ya sabía dos cosas grandes e importantes de la vida: cómo nace un hijo y el dolor de ser madre.

Para Chayito, lo que pasó con su madre fue algo único, que iba a quedar para siempre en su mente y su

La historia de un joven bagabundo

corazón. No iba a olvidar que fue, con sus propias manos, fue doctora de su madre y sus hermanitos.

Un día, su madre le dijo:
—Chayito, ¿Qué te parece si te metes a estudiar para enfermera en la academia? Yo te voy a llevar.

Ella no podía creer lo que estaba escuchando de su madre. Inmediatamente se cambió de ropa y le respondió a su madre con entusiasmo:
—Sí madre, ¡vamos ya!
—Ahora no, Chayito. Deja que me ponga bien y te llevaré.
—Está bien, mamá. Quiero que te recuperes pronto.

Su madre la abrazó y la pequeña se sintió feliz, muy feliz al pensar que un día iba a ser doctora.

Su madre se recuperó al cabo de unos meses y juntas se fueron a la academia. La mujer habló con la directora del lugar y le comentó que Chayito es una niña inteligente, y que a pesar de sus nueve años, quería estudiar enfermería porque ya sabía inyectar. La directora la escuchó en silencia y luego le dijo:
—Lo siento, señora. Su hija es muy chica para comenzar a estudiar enfermería.
—Lo sé, pero Chayito aprenderá.
—La niña debe tener dieciséis años para que podamos inscribirla en la academia. No creo que siendo tan pequeña sepa de enfermería, señora.

La madre se enoja y se va, llevándose a su hija. Ésta le dice:

–No te preocupes, mamá, pronto tendré mis dieciséis años y entraré a la academia para ser una enfermera.

La niña sabía que ella lo iba a lograr pero todo a su tiempo porque era muy joven aún. En realidad, la enfermería no era lo que ella quería, ella deseaba ser modelo o artista, ya que le gustaba la música y escribir. Era una niña inquieta, no sabía lo que quería. Su mente estaba con fundida por lo que le pasó a su madre.

Dos semanas después, Chayito estaba buscando a su hermano Saúl para contarle todo lo sucedido con su madre y para hacerle saber que su mamá ahora era una mamá buena con ella.

Pasaban los días y no veía a Saúl por ningún lado. Se preguntaba que pasaría con su hermano, que no estaba en el lugar donde siempre se reunían. Ella empezaba a preocuparse cada día más por Saúl y todas las tardes se iba hasta la esquina de su casa a ver si lo encontraba, pero no había noticias de su hermano.

Luego de dos semanas, Chayito seguía buscándolo, pero nada se sabía acerca de él. Un martes por la tarde, casi a las siete, la mamá la mandó a la tienda donde siempre se encontraba con su hermano. Sin embargo, ese día no fue a ese lugar y eligió otra diferente para hacer las compras. En el camino, vio a un vagabundo tirado en una esquina, dormido y con sólo unos cuantos periódicos para cubrir su cuerpo, dejando su rostro al descubierto. Enseguida la niña se dio cuenta que era su hermano el que estaba tirado sin cobija y sin un techo donde refugiarse.

Sin pensarlo dos veces, se acerca a él y le quita el periódico de su cuerpo. Ve que Saúl está todo sucio, con el aspecto de no haber comido durante días y drogado. Cuando quiso despertarlo, él no la reconoció y quiso atacarla. La niña lloraba porque su hermano no era el de siempre, porque no la había conocido.

–¡Saúl, por favor escúchame soy Chayito, tu hermana! –le gritó, para que la reconociera.

Y él la corría, le gritaba que lo dejara en paz y que no lo llamara por ese nombre, porque él se llamaba Silvestre.

Chayito le decía:

–No, no es verdad, tú te llamas Saúl.

–No te conozco, vete, aléjate de mí, no sé quien eres –le contestó Saúl, que se marchó corriendo, alejándose de ella.

Chayito se va tras él pero luego abandono la carrera por miedo, porque ese hermano era un desconocido, no era el verdadero Saúl, cariñoso y sonriente. Ahora él tenía un monstruo dentro suyo que se había apoderado de su identidad y que lo sumía en la tristeza, la soledad y el dolor.

Chayito estaba muy triste y sentía un dolor muy grande al ver a su hermano en la calle, tirado como si fuese una basura que cualquier persona pisa. Se fue corriendo a su casa a decirle a su mamá que Saúl estaba muy mal y que él necesitaba a toda su familia lo ayudara a que regresara a casa.

Ella estaba tan angustiada que pensaba que un día los malos de la calle podrían matar a su hermano.

Su madre, luego de escucharla, le dice:

—Hija, Saúl no me obedece. ¿Qué quieres que yo haga con tu hermano? A él le gusta la calle.

—No, mamá, té le diste la calle y mi papá también. Por favor, ayuda a tu hijo. No lo hagas por ti, hazlo por Saúl,.

Las lágrimas de Chayito eran como un mar.

—Mamá, si tú lo hubieras visto a tu hijo… era irreconocible, no era mi hermano, era otro Saúl, no me reconoció. Se fue corriendo y me gritaba que lo dejara en paz. Dime por favor que lo vas atraer a casa.

—¡No y no! —le gritó su madre, exasperada por la insistencia.

—¿Por qué mamá, por qué no?

—No quiero pelear con tu padre y no quiero que se moleste conmigo, ¿Entendido? Que no se hable más de Saúl, déjalo que viva su vida en la calle, solo como un animal.

—Qué cruel eres, mamá —le dijo Chayito, mirándola con furia, masticando la rabia que sentía—. ¿No te das cuenta que existes porque Dios te dio la vida? ¿Cómo desprecias así tu vida y la de tus propios hijos? Hay un Dios que te va a juzgar un día, mamá, no yo. Te juro que si a mi hermano le pasa algo, lo llevarás toda la vida en tu conciencia, si es que tienes conciencia.

La historia de un joven bagabundo

La mujer no permitió que su hija la faltara el respeto de esa manera y le dio dos bofetadas mientras le decía que si lo deseaba, se fuera con su hermano, ya que si lo quería tanto, lo siguiera y anduviera vagando por las calles como lo hacía él.

Chayito estaba tan enojada con su madre que estuvo unos cuantos días sin verla. No podía dejar de preguntarse por qué su madre estaba tan enamorada de su padre, si él la maltrataba. No sabía por qué le tenía tanto miedo. No comprendía muchas cosas, sólo sabía que la mujer no los quería ni a ella ni a Saúl como hijos, porque una verdadera madre ama a sus hijos, los cuida y da la vida por ellos cada uno de los días de su existencia. Una madre no permite que nadie les haga daño ni que anden solos, vagando por las calles, pasando hambre y soledad, vacíos de alma y espíritu, como su hermano Saúl, que tenía un Dios que le dio la vida y lo protegía, pero que no le dio una madre que lo llevara de la mano por el mejor sendero, para que no se equivoque, para guiarlo hacia lo correcto y para hacerle saber lo mucho que lo amaba. Saúl no tenía el calor de un hogar y de una dulce madre cada día.

Pasaron dos meses y un día, la niña se encuentra a su hermano. Saúl la mira y ella le sonríe con mucho gusto y empieza a llorar. El chico le dice:

–¿Por qué lloras, chillona?
–No, por nada. ¿Cómo estas hermano?
–Estoy bien. ¿Y tú cómo has estado?

–Bien –Le responde la niña como si no hubiera pasado nada.
–Chayito, te invito al cine.
Ella lo piensa unos instantes y luego acepta.
–Está bien, pero necesitamos dinero para entrar y para comprar palomitas.
–Sí, no te preocupes.
–¿Y qué película vamos a ver?
–Súperman.
Chayito se puso feliz porque Súperman era una película de estreno. Ella ya no le pedía permiso a su madre para salir, porque sabía que si le decía que se iba con su hermano, la castigaría.
Caminando muy contentos los dos, llegaron al cine. Saúl la mira y en voz baja le dice:
–Espérame aquí.
–¿No traes dinero, verdad?
–Cuando se levante la señora de la boletería, entramos corriendo sin que nos vean.
–No, Saúl.
–¿Te vas a perder de ver Súperman?
–Está bien, lo haré.
A los pocos minutos, la señora se levantó y ellos pasaron corriendo para dentro del cine. Para Chayito era fantástico andar con su hermano. Yendo al cine a ver al superhéroe de ambos, volvían a sentirse unos niños traviesos y juguetones.
Cuando terminó la película, a la niña le dio hambre y se fueron abajo, donde vendían las palomitas, tortas

y bebidas. Era todo muy tentador, pero ellos no traían dinero. Pero los dos eran tan inteligentes que enseguida encontraron el modo de conseguirla: como se arrimaban muchas personas a comprar, ellos también lo hacían y pedían lo que deseaban: Chayito tortas y Saúl los refrescos. Como había mucha gente allí, decían que ya habían pagado, confundiendo a las vendedoras y se retiraban de inmediato con la comida en las manos, a esperar que comenzara otra película. A Superman la repetían cuatro veces por día y los dos la miraron las cuatro veces sin cansarse.

Cuando terminó la última repetición, Chayito vio que aún tenía un poco de soda que le había quedado, y comenzó a derramarla desde la ventana, divirtiéndose viendo a quién le caía y cómo mojaba a los que pasaban debajo. Le gustaba reírse haciendo esto. Si no, también escupía. Se le pasó el tiempo y cuando salieron del cine ya eran las doce de la noche. Chayito estaba espantada. Saúl le dijo:

–Cálmate, que nos espera una buena castigada.

–No te preocupes, hermano, ya no me duele lo que mi mamá me hace. Prefiero que me mate de una vez.

Saúl la abrazó y le preguntó:

–Hermana, ¿No te gustaría ir a los Estados Unidos?

–¿Qué es eso? Dicen que es un lugar bien bonito que vives como un rey.

–Sí, es único y muy grande. Es una enorme ciudad donde hay muchos edificios.

—No me daría miedo irme contigo, hermano. ¿Y tú te irías?

—Sí hermana, yo me iría lejos, pero no sé, también me daría un poco de miedo saber que ya no te voy a ver... Pero bueno, sólo fue un comentario que me hicieron mis amigos.

Chayito estaba callada y se limitaba a mirar a su hermano cuando éste decía que algún día se iba a marchar lejos, muy lejos, para que nadie supiera más de él, si murió, o todavía vivía.

Una hora después llegaron a su casa y su madre los estaba esperando con enojo diciendo que estaba muy preocupada por ellos, más que nada por Chayito.

Ese día, el castigo fue terrible: la madre los llevó al lavadero, les ató las manos y los pies y los azotó con una manguera sin clemencia, como si no fuera la misma mujer que les diera la vida. Como si se tratara de una mujer desalmada, sin sentimientos ni piedad. Una mujer dueña de un corazón duro como la roca, encallecido después de tantos sufrimientos. Ese día, Chayito se asustó mucho al ver que su madre se transfiguraba a tal punto y que su crueldad no tenía límites.

LA CRUEL TORTURA

PASARON TRES HORAS y Saúl y Chayito no se podían mover de allí porque si cometían un falso movimiento o se dormían, se ahogarían. Los dos niños estaban asustados, pero Dios les dio fuerzas y un rato después su cruel madre los sacó. Chayito no se podía mover de lo helada que estaba t Saúl se encontraba en la misma situación: ambos tiritaban de frío. Sin embargo, a la mujer no le importó ver a sus hijos sufriendo por la baja temperatura de sus cuerpos y sólo pensaba en disfrutar de la venganza.

Más tarde, la mujer se fue a dormir y los niños se quedaron donde estaban. Luego de treinta minutos, empezaron a quitarse la ropa mojada para irse a dormir. Sentían que sus cuerpos no daban más, que necesitaban descansar. La niña estaba traumatizada, tanto, que sentía que no se lo iba a poder olvidar por el resto de su vida, ni eso ni nada de lo que habían sufrido con su madre, a causa de lo que a ella le pasaba. No iba a olvidar los horrores que tuvieron que vivir por las heridas y el desamor que la mujer sentía hacia ellos. La maldición de una madre, un hijo la lleva para siempre, ella deja sus profundas huellas de maldad y odio clavadas en sus corazones por el resto de sus vidas. Y son huellas que duelen y no dejan vivir en paz, que se traen en lo más profundo del alma y aunque nadie las pueda ver, hacen mucho mal a quien las lleva.

Por todo lo que habían pasado el uno y el otro, a veces parecía que Saúl y Chayito eran gemelos, que los dos habían nacido juntos. Los dos se querían y su madre a los dos los maltrataba de igual modo, como si ambos hubieran sido fruto de la misma violación que la mujer había tenido años atrás.

A veces no encontraban explicación para que su madre los odiara tanto.

Pero no fue eso lo que sucedió. La realidad era que el coraje de la madre resentida provenía de haber sido violada por aquel primer hombre, despreciada por sus padres y echada de su hogar. Esto hizo que su corazón se apagara para su primer hijo Saúl. Para Chayito, el motivo había sido el gran amor que su madre sentía por ese hombre que la maltrataba y que ella tanto amaba. Como la mujer no podía ni sabía hacerle frente al padre de sus hijos, descargaba todas sus broncas y frustraciones en sus hijos.

La madre de los niños no se daba cuenta que necesitaba ayuda, que lo que le ocurría y la hacía actuar con tanta maldad era que se sentía vacía por dentro y no se valoraba como mujer y como madre. Y una mujer que no se valora a sí misma, no puede valer como madre, ya que la función principal de una mamá es tener un

LA HISTORIA DE UN JOVEN BAGABUNDO

hijo al que brindarle cuidados y protección, procurando que nada le falte ni ningún peligro ponga en riesgo su vida. Un hijo es sagrado, es una bendición que Dios le da a cada mujer.

Un año después, la vida de Saúl y Chayito era todos los días igual, pero ella ya era una señorita que asistía a la escuela secundaria y él un joven ya crecido. Chayito estaba feliz porque ya tenía casi trece años de edad, lo cual era para ella mágico. Era una jovencita muy bonita y esbelta que tenía muchos pretendientes y amigos, pero a escondidas de su madre, ya que si ella se enteraba, la castigaba o la mandaba espiar para enterarse que hacía la niña. La vida de Chayito era muy pesada al lado de su madre y cada día era peor. No existía confianza entre las dos y sólo se comunicaban con gritos y sentimientos de bronca y coraje.

Chayito sentía, cada vez que salía de su casa, que ya no quería regresar a ella, pero pensaba qué haría sola, cómo aguantaría estar sin un techo seguro, ya que ella no tenía dinero. La joven se sentía un poco sola sin su hermano Saúl, que ya no lo veía tanto porque él se la pasaba lejos. Hacía ya casi un año que no sabía nada de él, aunque ya no lo extrañaba tanto porque tenía una amiga con quien se pasaba todo el tiempo juntas en la escuela. Pero cuando llegaba a su casa, su madre le tenía tarea que hacer como lavar ropa y limpiar toda la casa. Sin quejarse, Chayito hacía lo que su madre le pedía, ya que si se negaba, era castigada. El castigo era no ir a la escuela y para la jovencita eso era lo peor que podían hacerle, ya que la escuela era su refugio y su lugar lejos de casa, para no permanecer allí con su madre. Y no porque le gustara tanto la escuela, sino porque ya no soportaba que su madre fuera tan egoísta y cruel. Chayito le decía a su madre:

—¿Algún día tú fuiste joven?

—Sí, pero antes todo era sano, no como ahora, que sólo es porquería de jóvenes.

Chayito, ofendida, le contesta:

—¿Crees que tu hija es lo que tú dices, mamá?

—Sí, todas las mocosas como tú, son de lo peor.

—¿Y qué es lo peor para ti?

—Que se acuestan con el que miran primero y son unas zorras.

Su hija la mira y le dice:

—Me da tristeza escuchar tanta basura de tu cabeza y de lo que piensas de tu hija.

Aunque ella en realidad ya no siente nada de lo que venga de su madre, porque en lo que diga o haga, ya sea para ella o para su hermano, no existe y nunca existió una verdadera madre.

A los pocos días su hermano Saúl llegó y fue a visitar a Chayito. La abrazó y platicaron como si ya fueran unos adultos. Saúl Estaba muy guapo. Era un joven simpático con unos ojos hermosos color verde claros, pelo chino y piel blanca. Tenía a muchas muchachas detrás de él pero era muy solitario y serio.

A su hermana le da gusto verlo nuevamente después de tanto tiempo y él siente lo mismo. Era muy

La historia de un joven bagabundo

bonito para los dos recordar lo bueno y divertido, las vagancias que hacían los dos juntos y las travesuras. Se reían mucho de sólo recordarlo.

—¿Eres feliz? —le preguntó Chayito.

—Sí hermana, soy feliz. Cuando vengo a saludarte y veo a mi mamá de lejos, no te lo imaginas lo feliz que me hace: ver a mi hermana tan grande y saber que muy pronto me voy a ir a los Estados Unidos para trabajar y mandarte dinero, para que tú estudies lo que quieras y lo que te guste.

Ella se sintió feliz al enterarse de que su hermano le iba a mandar dinero, pero a la vez triste porque sabía que llegaría el día en que Saúl se tendría que marchar para siempre y dejarla sola y triste, para seguir con su destino.

Se quedaron los dos callados y pensando en lo que habían hablado, mientras comían enfrente de la plaza, unos pastelillos que a Chayito y a Saúl les gustaban.

Él le dice:

—No me voy a ir ahora, quizás pronto, no lo sé.

—Está bien, tú sabes lo que haces y lo que quieres, hermano, así como yo también sé lo que quiero: quiero irme al convento.

Saúl se queda sorprendido al escucharla.

—Sí hermano, me quiero ir al convento para ser religiosa.

Su hermano se ríe tanto que la joven se molesta, se pone de pie y se aleja enojada del lugar donde estaban comiendo. Saúl se levanta y la sigue, mientras le dice:

–Perdóname, Chayito. Pero ¿estás segura de lo que quieres hacer? Piénsalo muy bien, que ser religiosa es sagrado y no un juego de niños. ¿O es porque te quieres escapar de mamá porque te trata mal?
Chayito, llorando, le dice a su hermano:
–Sí, Saúl. Quiero irme de la maldita vida al lado de mi madre, es como estar en el mismísimo infierno no te imaginas como ella me trata, como si fuera su peor enemiga, una mujer de la calle, me trata con palabras que me humillan, que me hace sentir que no valgo nada, que soy peor que una prostituta. No aguanto más, por favor a ayúdame a salir de mi casa, y a encontrar un convento para irme lejos y no volver jamás con esa mujer, con la que tengo que vivir en el mismo techo, que me odia tanto y que desconoce que soy su hija. Me confunde con su enemiga. Me siento mal, hermano.
Chayito estaba tan confundida que no sabía qué hacer. Sólo le contaba sus penas y preocupaciones a su hermano y él le contaba las suyas. Cada vez que se encontraban, eran tantas las cosas guardadas que tenían para contarse que tardaban horas en hacerlo. Saúl abrazaba a su hermana y le decía que no se angustiara tanto, que todo iba a pasar pronto, que su madre tendría que recapacitar de todo lo que estaba haciendo y diciéndole. Chayito sólo le pedía a Dios que le diera fuerzas para aguantarla y soportarla cada día, porque se le hacía cada vez más difícil.
–Chayito, no reniegues de tu madre y tu padre. Ellos son los que te dieron la vida, y si tú reniegas de

ellos tú también vas a renegar con tus propios hijos en el futuro. Trata de perdonar y no guardar rencores. Nosotros no se lo vamos a cobrar, ellos lo van a pagar solitos lo que nos hicieron –la aconsejó Saúl, al despedirse de ella.

Chayito se quedó sorprendida de las palabras tan bonitas de su hermano, que tanto había sufrido y que tanta soledad había pasado sin sus padres.

–Yo te quiero mucho –le dijo Saúl– y no quiero que nada ni nadie te haga daño hermana, la fuerza me la da mi Virgen de Guadalupe que siempre me ha cuidado y que es mi verdadera madre. Es la que no me abandona nunca porque soy su hijo. Y tú, Chayito, también eres su hija. Pídele que te proteja donde quiera que estés y pídele por nuestra madre, para que se arrepienta y para que en su corazón haya amor y no odio. Sólo Dios y la Virgen la pueden ayudar. Nosotros sus hijos no somos nadie para juzgarla.

El buen consejo que Saúl le da a su hermana quedó en la memoria de ésta y en su corazón. Chayito supo que hay veces en que la vida es muy cruel con los seres humanos buenos y que tienen un corazón grande.

La virgen de Guadalupe siempre protege a los dos hermanos y es su madre del cielo que vive en sus corazones y los acompaña a donde vayan. Les da fuerzas y fe para salir adelante, aunque el dolor que lleven dentro sea muy fuerte. Lo más hermoso que los jóvenes tienen es el amor a la señora de Guadalupe. En su compañía, ya no existe dolor.

Unos días después, Chayito estaba feliz porque cumplía catorce años y para ella era un día muy especial. Sin ella saberlo, sus amigas de la escuela se juntaron para prepararle un festejo y entre todas cooperaron para comprarle un regalo que a la joven iba a gustarle mucho. Sus amigas sabían que ella no era feliz en su casa ni con su madre, que nunca le festejaba los cumpleaños, por eso, decidieron sorprenderla. Cuando ese día llegó a clases, Chayito se encontró con una fiesta sorpresa en la que participaban sus amigas, maestros y hasta las madres de sus compañeras de clases. La sorpresa para ella fue tan grande y sintió tanta emoción, que se quedó sin habla y comenzó a llorar al ver que todos se habían acordado de ella y estaban presentes, hasta su hermano Saúl. Una amiga suya se había encargado de avisarle de la fiesta y el joven le había comprado a su hermana un álbum de fotografías que Chayito siempre miraba en una tienda, cada vez que juntos pasaban por allí. Él le preguntaba:

–¿Te gusta, Chayito?

–Sí, me gusta mucho.

–¡Pero es un album de quince años! Y tú no tienes quince años.

–Lo sé, pero algún día voy a tenerlos, ¿no?

–Sí, claro.

Así fue como su hermano recordó esto y el deseo de su hermana de tener ese álbum de quinceañera y se lo compró. Cuando Chayito vio a su hermano en la fiesta sorpresa, lo abrazó con fuerzas y se puso a llorar de

La historia de un joven bagabundo

tristeza porque se dio cuenta de que su mamá no estaba allí con ella, pero también lloraba de alegría al ver que su hermano querido si estaba presente.

—Que Dios te bendiga, te cuide y que cumplas muchos años más. Que la virgen de Guadalupe te proteja por siempre, hermana –le dijo él.

—Gracias, Saúl. Gracias por estar aquí conmigo en estos momentos y gracias por regalarme el álbum que yo tanto quería. Te quiero mucho.

—Yo también, Chayito.

Saúl se despide de su hermana y ella, llorando lo despide también.

—No llores, llorona, que te vas a hacer fea.

Era lo que siempre él le decía cuando la veía llorar, pero por dentro sentía que se le despedazaba el corazón al verla así. Finalmente se despiden y Chayito le dice a sus amigas y maestros lo agradecida que está por haber hecho todo eso para ella.

Fue una tarde hermosa para la jovencita. Jamás se iba a olvidar de su cumpleaños número catorce.

Cuando Chayito llegó a su casa con los regalos, su madre le preguntó de quién eran todos esos paquetes y su hija le respondió que eran de ella.

—¿Cómo que son tuyos?

—Sí, mamá, son míos.

Su madre nunca imaginó que sus amigas, su hermano y sus maestros se los habían regalado.

—Me lo regalaron mis amigas y mis maestros,.

Su madre, histérica, agarra los regalos y los rompe. Chayito, llorando, le grita a su madre y le dice que la deje en paz. La mujer la abofetea y la corre de la casa porque piensa que todos esos obsequios son de algún novio de la jovencita y que le estaba mintiendo.

—No, mamá, no tengo novio, fueron mis amigas.

La madre no le creyó y destruyó todos los regalos. Chayito se apuró a tomar el álbum de su hermano y le dijo a su madre que no iba a permitir que nunca más la golpeara. Chayito se va de la casa de su madre llorando. Se va con la vecina del lado, llamada Esperanza que la abraza y la consuela:

—Ya no llores... por favor.

—Ya no aguanto a mi mamá, Esperanza. ¿Qué hago? Por favor, ayúdame. Me corrió de la casa y no tengo donde irme, pero ya no quiero regresar más allí.

—Relájate, pequeña, no te preocupes, te voy a llevar al convento.

Chayito la mira con una sonrisa.

—¡Sí! Por favor, quiero irme al convento. Gracias Esperanza. Gracias a Dios que alguien me escuchó.

La jovencita se quedó muy contenta porque quería irse al convento y ser religiosa.

LA GRAN LLEGADA AL CONVENTO

TRES DÍAS MÁS tarde, Esperanza habló con la madre superiora del convento acerca de lo que estaba pasando con la madre de Chayito, que la maltrataba y la golpeaba demasiado. Le dijo que era una niña decente, que su madre estaba enferma de la cabeza, que no quería a sus hijos y que por favor la ayudara a la joven porque la habían echado de la casa y tenía adónde ir.

–¿Estás segura que esto es lo que quieres? –le preguntó a Chayito la madre superiora.

–Madre, yo quiero ser una religiosa como usted. Tengo fe, quiero casarme con Dios –contestó ella.

–Está bien, te voy a poner a prueba seis meses como novicia. –le dijo la madre superiora, y Chayito se sintió encantada y feliz.

Así fue como la niña se quedó en el convento. Aprendió a rezar, a tener paciencia, a levantarse temprano, a cantar, a cocinar, a preparar pasteles, rompope y galletas. Fueron muchas cosas las que la jovencita aprendió estando de novicia. Lo que más le gustaba eran las ostias, las obleas. Con ellas se hacían churros, nada se desperdiciaba y todo era práctico aunque algo difícil. Sin embargo, para Chayito, todo era bonito.

La joven cantaba como un ángel, cocinaba delicioso, y tocaba la guirillo. Sonaba un poco raro, pero a ella no le importaba porque era una niña alegre y a todas las religiosas les gustaba que Chayito les cantara y ella lo hacía con gusto.

También jugaba voleibol, un deporte que le gustaba mucho y la divertía. Lo único que le desagradaba era cuando la superiora la mandaba a sacar el panal de las abejas para extraer la miel. A ella le daba un miedo tremendo, pero tenía un traje especial y lo único que tenía que hacer era ponerle un humo a las abejas. Ella no sacaba la miel, eso lo había la superiora. Como todas las religiosas sabían que la niña tenía miedo de eso, la mandaban para que pudiera superarlo y se diera cuenta que no pasaba nada, que sólo eran abejas y que no hacían daño cuando se tenía el traje puesto. Ella, a pesar del temor, lo hacía de buena gana.

El convento era muy bonito y grande. Ella siempre tenía mucho que hacer y que aprender, pero era triste porque nadie la visitaba. Las demás religiosas siempre recibían visitas de sus familiares, aunque sólo mujeres y niños podían entrar a la oficina.

Saúl buscó por mucho tiempo a Chayito, sin encontrarla y sin saber donde podría estar. Se volvió loco de la desesperación y la incertidumbre. Fue a la casa de su madre a preguntarle dónde estaba su hermana. La mujer, llorando, le contó que la había echado a la calle.

−¿Pero qué dices, mamá? −dijo Saúl, enojado−. ¿Qué has hecho, por Dios? Es sólo una niña... ¿Cómo has podido hacer algo así?¿Por qué eres así? Razona, sal de esa oscuridad que llevas dentro, que sé que te está matando. Recuerda que te quiero mucho, mamá y Chayito también. Que Dios perdone todo el daño que nos hiciste a mí y a ella. Por favor, mamá, ahora hay que buscar a mi hermana, siento que le pasó algo, pero siento que Dios y la virgen de Guadalupe la van a cuidar y proteger. La guiarán por el buen camino y si ella fue por el buen camino y estará protegida por Dios.

Tres meses después y luego de no encontrar a su hermana, Saúl recordó que Chayito le había pedido ayuda para entrar al convento de religiosa. Luego de recordar esto, no lo pensó dos veces y fue por todos los conventos, buscándola. Ninguno le daba información porque él era hombre pero sí se la daban a las mujeres, por eso le pidió a su madre que fuera a preguntar. Ella no quería, pero como a la vez también estaba preocupada por su hija, los dos se fueron a buscarla. En el convento llamado "Sagrado Jesús" la encontraron. Su madre, luego de haber andado por muchos, llegó a éste, preguntando por su hija Sagrario. Así era su nombre y de cariño le decían Chayito.

La superiora le contestó que sí, que la joven se encontraba con ellas y que si bien no estaba traumada, era una niña que había sido muy maltratada.

−Sufrió mucho con usted, señora Lurdes, por lo tanto ella no se va a ir hasta que yo no hable con la niña.

Cree que usted vino a llevársela directamente de nuevo a su casa –le explicó la superiora, con firmeza.
–¡Me voy a llevar a mi hija!
–Está bien, señora Lurdes, llamaré a Chayito. Pero será ella la que decida, no usted. Si ella quiere irse, se irá, sino, se quedará.
Chayito llegó hasta donde se encontraban. Cuando vio a su madre le dio gusto verla, aunque no la abrazó.
–Chayito, tu mamá dice que te vas a ir con ella. ¿Tú qué piensas? –preguntó la madre superior.
–No me quiero ir, mamá, no me quiero ir jamás de aquí. ¿No entiendes? Yo quiero ser religiosa. Por favor.
–Perdóname hija, por favor. Quiero que estés conmigo, me siento muy sola... Saúl está aquí afuera –le dijo, abrazándola. Chayito pidió ver a su hermano y no se lo permitieron:
–¿Por qué no puedo ver a mi hermano?
–Porque no puedes. Eres una novicia.
Saúl escuchó la voz de su hermana y se mete en la oficina sin pedir permiso. La madre superiora se molesta y le pide que se retire. Él le contesta:
–¡Quiero ver a mi hermana!
–Bueno, está bien.
Saúl la abraza y se larga a llorar al ver a su hermana de novicia. Los dos hermanos y la madre no dejan de llorar. Saúl da gracias a Dios de que Chayito estuviera viva y a salvo, luego de todo el tiempo que había estado buscándola.

—Te voy a venir a ver cada semana, hija —dijo la mujer, cuando se despedían.

—Sí, mamá, esperaré con ansias.

Y así fue. Cada semana, la madre la visitaba y le llevaba a Chayito telas para que la joven hiciera más uniformes de novicia. Todos los sábados su madre estaba allí, jamás faltaba y Chayito estaba feliz de que su madre estuviera pendiente y la visitara cada fin de semana. Saúl sólo podía verla cuando iba con su madre, por eso también aprovechaba algunos sábados para saludarla y estar con ella. Cada vez que la veía vestida de novicia, se reía porque ella tenía la cabeza tapada con una tela blanca que no dejaba ver su cabello. Chayito, al verlo tan divertido, le preguntaba a su hermano:

—¿De qué te ríes?

—De lo fea que te ves, hermana.

Chayito sólo lo miraba y cuando se iba la superiora, los dos se morían de risa. A la jovencita le daba gracias ver cómo su hermano se burlaba de ella.

Pasadas las dos horas de la visita, Chayito tenía que regresar a sus tareas y su madre para la casa. Saúl estaba viviendo con ella por poco tiempo, ya que Saúl no se llevaba bien con su padrastro ni tampoco tenía muy buena relación con ella.

Chayito le pedía mucho a Dios que la cuidara y la protegiera donde quiera que estuviera a ella y a su familia, en especial a su hermano Saúl, que le diera fuerzas para ser un muchacho de bien y que lo guiara por el camino correcto.

Ella tenía que estar fuerte, porque su madre llegaba la semana siguiente, luego de pasar tres meses desde que la había encontrado y sin que la joven se decidiera aún a volver a casa. La madre estaba enfadada por esto. Ella esperaba que su hija tomara por sí misma la decisión de regresar a casa, pero al ver que no lo hacía, se cansó de hacer de madre buena y llegó a verla ese sábado por la mañana.

–Chayito, ¿Por qué no viniste en la mañana? Te estaba esperando.

–No pude, mamá, quizás otro día podré ir.

–¿Por qué ese cambio? Mira, la verdad es que me estoy cansando ya de venir todos los sábados. Quiero que tomes la decisión de regresar a casa. ¿No te parece?

–No, mamá, estás muy equivocada. Yo no voy a ir contigo.

–¿Por qué no quieres volver a casa? ¿O es que te gusta vivir de limosna y que los padres se acuesten con todas las monjas? ¿Eso es lo que tú quieres? Dicen que las monjas abortan de los padres...

Chayito se levanta enojada y le dice:

–Que Dios te perdone todo lo que me estas diciendo, que estás hablando de algo que nunca has visto, mamá. Y si, quiero vivir de limosna porque Dios vivió predicando y murió por nosotros. No importa cómo vamos a vivir o morir. En realidad tú ya estás muerta, mamá. Estás muerta en vida, no sé quién te hizo tanto daño para que vivieras como vives. No te quieres ni tú misma. Perdóname, pero ya no quiero que vengas a verme si piensas todo eso que me dijiste. Olvídate que existo, no me hagas sufrir más y no sufras más tú. La mujer da media vuelta con coraje y se va, aunque pensando: "Me la tengo que llevar un día de estos".

La jovencita no comentó nada de lo sucedido, sólo a Dios, a quien le rezó tanto por su madre sin cansarse. No comió por dos días haciendo ayuno como sacrificio para que su madre cambiara. Luego de tanto pedir a Dios por ella, se tranquilizó y se quedó en paz.

Pasó un tiempo sin que la mujer visitara a Chayito. Su padre tampoco quería verla. Estaba enojada con su hija. Le decía a su esposa: "No quiero que Chayito venga a esta casa porque si la veo la voy a sacar con sus monjas". La mujer se burlaba de su hija y la criticó hasta cansarse. Su padre también. Ambos eran unos padres sin sentimientos, sin corazón e ignorantes.

La joven novicia
y sus quince años

Un año después, Chayito ya era una joven novicia de quince años. Para ella, tener quince años era maravilloso. Soñaba con tener una hermosa fiesta como toda quinceañera, pero quería que sus padres se acordaran de ella y su hermano fuera a saludarla, ya que hacía un año que no tenía noticias de él.

A pesar de que ella no vio a su familia, en el convento sí se acordaron de su cumpleaños y le hicieron una fiesta a lo grande: la vistieron de reina y tuvo dos Princesas a su lado. Le hicieron un vestido precioso color vino con detalles blancos y sobre la cabeza le pusieron una corona que brillaba desde lejos a causa de las piedras de colores luminosos.

Cuando la jovencita se midió el vestido que las religiosas le habían preparado y sin decirle nada acerca de la sorpresa, a ella no le importó para quien era el vestido, disfrutó de tenerlo puesto porque en él se sentía una verdadera reina de cuento de hadas.

Al enterarse de la sorpresa ese día y ver el enorme pastel que sus compañeras de convento le habían preparado, ella no lo podía creer, pensaba que estaba soñando de lo maravilloso que resultaba estar viviendo algo así. Además de las celebraciones de cumpleaños, también le hicieron una misa para pedirle a Dios su bendición y protección en ese día tan especial.

Chayito jamás olvidaría todo lo que habían hecho por ella en ese día. Al álbum que Saúl le había regalado para su anterior cumpleaños, lo llenó de fotografías de sus quince años y de todas las novicias, hermanas y madres del convento. Entre esas fotos tan lindas, sólo faltaban sus padres y su hermano, por quien ella estaba preocupada y no podía saber nada de él porque no lo dejaban entrar si no era en compañía de su madre. Por este motivo, no podían comunicarse. Sin embargo, Saúl sabía que Chayito se encontraba bien en el convento y haciendo lo que a ella le gustaba.

El joven se fue un tiempo lejos nuevamente a causa de problemas con su padrastro, quien se burlaba de él y lo maltrataba, riéndose de su defecto y diciéndole tartamudo.

Saúl era tartamudo de nacimiento. Tenía un defecto en la pronunciación de ciertas palabras. Cuando esto sucedía, su padrastro se reía y le puso como apodo "el pus". A Saúl le daba mucho coraje que su padrastro lo llamara de este modo y se burlara de él. Sentía que el hombre quería tenerlo siempre en la suela de sus zapatos, humillándolo cuando quería porque se creía con derecho a hacerlo y se sentía el macho de la casa. El hombre creía que todos eran sus títeres. Pensaba que a

La historia de un joven bagabundo

su esposa la tenía controlada y le podía gritar y dar órdenes, pero nunca imaginó que hay veces en que el mejor amigo es el que te traiciona por la espalda.

José, el esposo de Lurdes y padre de Chayito tenía hacía años un amigo al que le tenía la confianza suficiente. Como José era comerciante, salía fuera del pueblo por días y no podía regresar a casa con su esposa. Por eso, le decía a su amigo Josué:
—Por favor, amigo, te pido que mires a mi familia cuando yo no estoy.
—Claro, José. Vete tranquilo, amigo.

Pero Josué tenía tan buena relación con la mujer de José que tenían amores a escondidas del esposo de ésta. Eran tan atrevidos que no tenían el coraje de decírselo a José.

Qué tristeza. En esta vida todo se paga y José estaba pagando por todas las humillaciones que le había hecho pasar a su esposa y a Chayito. La mujer con el amigo de su esposo se trataban desde hacía tiempo y el hombre no se daba cuenta que su machismo y su hombría habían quedado por los suelos a los ojos de su mujer y su amigo. Nadie se daba cuenta de lo que pasaba en la casa de la señora Lourdes, sólo Josué y ella, quien era feliz en los brazos de aquel hombre, mientras su esposo machista y egoísta andaba trabajando lejos de allí.

A Lurdes nunca se le fue lo falso y le gustaba la mentira, ya que sentía que traicionaba a su esposo por odio y coraje, no porque estuviera enamorada de Josué. Lo hacía porque José siempre le mentía, la golpeaba y la humillaba. Entonces, ella era infiel al amor que le tenía y que muchas veces la había hecho sentir que daría la vida por José, por odio, coraje y traición.

La traición que cometía Lurdes, la saboreaba día a día con Josué, ya que a ella no le importaba su esposo, sino la venganza que le estaba haciendo acostándose con su amigo. Lurdes era una mujer muy dolida y traicionada que sólo se miraba a si misma y no era capaz de darse cuenta que sus hijos la necesitaban más que la venganza que ejercía día a día. Ella ignoraba el dolor de Chayito y Saúl y sólo podía mirar su corazón negro y su alma amarga.

Tres meses después, Josué le dijo a Lurdes:

—¿Por qué no te traes a Chayito con nosotros? Sácala de ese convento. Me imagino que ya debe estar grandota y más hermosa, ¿verdad?

—¿Por qué me dices eso de Chayito?

—No es por mí, es por ti, Lurdes, no quiero que estés sola, mi amor ni tampoco tu hija, en ese convento. Sácala de allí, por favor.

—Está bien.

La mujer aceptó sin imaginar que en la mente de ese malvado hombre estaba el deseo de tener a Chayito en sus brazos. Era pervertido y manipulador. Quería tener a la madre y a la hija, las dos al mismo tiempo y sólo para él. Tenía la mente sucia, al igual que la madre de la jovencita.

Lurdes inventa la mentira de que está muy enferma y manda a una mujer al convento donde está Chayito para que hable con la madre superiora y ésta con Chayito:

—Mire, hermana Chayito, tienes que ir a ver a tu madre porque está muy enferma.

La joven se puso muy mal al saber del delicado estado de salud de su madre. No lo pensó dos veces y fue de inmediato a su casa a verla. Cuando llegó, fue hasta ella y la abrazó, con el corazón lleno de angustia y dolor al ver a su madre tirada en aquella cama. Pero Lurdes estaba fingiendo que estaba enferma. Le dijo a su hija cuánto la extrañaba y que por favor se quedara con ella, que no se fuera. La niña le responde:

—Pero mamá, tú sabes que me tengo que ir de donde yo soy. No puedo quedarme.

Ante estas palabras, la mujer empezó a usar un chantaje tan fuerte diciéndole que se tenía que quedar con ella, que Chayito finalmente aceptó quedarse por unos días mientras su madre se recuperaba de tal enfermedad.

Josué llegó a la casa y miró a Chayito con una mirada que la desvistió completamente. La saludó con un abrazo tan fuerte que en ese momento la joven sintió que no estaba a gusto con aquel hombre que no le quitaba la mirada de encima. Era un hombre provocativo y odioso, pero tenía que estar con Chayito y con su madre. A la niña no le cayó para nada bien ese señor. Sentía que la miraba con lujuria, pero trató de ignorarlo. Nunca imaginó que ese monstruo y su madre estaban fingiendo.

–Qué bonita estás, Chayito –le dijo Josué a la joven–. ¿Por qué estás en ese lugar tan feo y no estas aquí? No sabes las cosas bonitas que te estás perdiendo.

Las palabras de ese hombre eran tan indeseables y horrorosas para la joven, que lo ignoraba. No quería escuchar todas aquellas palabras tan ofensivas desde su punto de vista.

Cuando Josué platicaba con Chayito, sacaba la lengua y la paseaba por sus labios en señal de lujuria y deseo. Luego se paraba de donde estaba sentado y se tocaba en medio de las piernas. Chayito sabía que ese hombre era malo y su preguntaba por qué tendría que estar en su casa en lugar de su padre.

Le preguntaba a su madre:

–¿Por qué esta persona está aquí contigo?

–Es que él es amigo de tu padre.

–Dile que se vaya, mamá, no lo quiero ver en casa.

–Chayito, ve y tráeme de la farmacia unas pastillas, por favor.

–Sí, mamá. Ahora regreso.

Chayito se va y Josué se queda con su madre discutiendo. Él le dice que la niña se tiene que quedar en la casa. Al poco rato, ella regresa y le pregunta a su madre si se siente mejor. La mujer empieza a llorar sin consuelo y le pide a su hija que deje el convento, hasta que la convence. Chayito lloraba de dolor y tristeza al tener que dejar el convento, ese lugar en el que tan feliz había sido. Sin embargo, sabía que lo hacía para estar con su madre que tanto la necesitaba y por la que estaba dispuesta a hacer cualquier cosa.

  La mujer había triunfado, había conseguido lo que deseaba. A los pocos días de salir del convento, Chayito comenzó a sentirse rara por usar ropa normal y ya no su habitual hábito de novicia. La joven sentía que estaba en otro mundo. Había sido muy extraño para ella estar un día en el convento como novicia y al día siguiente volver a casa e incorporarse nuevamente al mundo de crueldad y soledad al que ya se había desacostumbrado porque en el convento le habían enseñado a estar libre de pecado y conservarse pura y casta para Dios y para ella misma.

  Tres semanas después, llegó a casa José, el padre de Chayito. Cuando la vio, le preguntó con desprecio:

–¿A qué vienes?

Su hija lo quiso abrazar y el hombre la retiró mientras le decía:

–Tú dejaste de ser mi hija desde que te fuiste. No me hables y vete.

En ese momento, la madre interrumpió:

–Chayito se va a quedar con nosotros quieras o no quieras.

El hombre se levantó y se fue. La joven se queda llorando de tristeza y dolor al ver que su padre la había rechazado y ya no deseaba verla. Su madre se acercó y la abrazó.

–No te preocupes, hija. Ya se le pasará.

–Sí, mamá. Habla con él, por favor, dile que yo lo quiero mucho.

–Sí, sí, yo hablaré con él, no te preocupes.

Al contrario de lo que le había prometido a su hija, la mujer siempre le hablaba mal de ella a su marido, diciéndole que la joven era una floja, que no ayudaba en la casa, que no cocinaba y demás quejas. Era una mujer sin escrúpulos y de muy mala entraña que en el fondo envidiaba a su hija por su belleza y sus dones. Chayito era igual de bella a como lo era la mujer antes de que llegara el malvado fureño y la violara. Fue en ese momento en que la hermosura que tenía se disipó y el perfume de esa flor dejó de oler para siempre a rosa perfumada.

Por eso cuando la mujer mira a su hija tan hermosa como un jazmín que empieza a florecer con todo su rico aroma, no puede contener el coraje y la envidia que siente, pero no se lo dice a nadie, lo lleva por dentro como en una caja fuerte en su corazón.

Seis meses después, Chayito trata de buscar a Saúl por todo los medios posibles: a través de sus amigos y amigas diciéndoles que si lo veían, que lo mandaran para la casa y le digan que su hermana lo está esperando. Un amigo de Chayito, uno de los pocos que había visto a Saúl, le contó que en la última ocasión andaba muy mal, drogado y golpeado. La jovencita se

La historia de un joven bagabundo

pone a llorar de dolor al saber que su hermano andaba nuevamente por el mal camino.

Pasaron doce semanas y un día le avisaron que Saúl estaba en el hospital por una sobredosis de drogas que casi lo mata. Chayito se fue corriendo a ver a su hermano y cuando entró en la habitación lo vio todo golpeado, casi desfigurado de tantos golpes recibidos. El doctor le preguntó a Chayito dónde estaba su familia y ella tuvo que decirle una mentira.

Saúl se había perdido nuevamente en las drogas. Su vida estaba dedicada a eso, tenía que hacer drogas para vivir y si no lo hacía, no se sentía feliz.

El joven permaneció en el hospital casi un mes a causa de que tenía quebrada una costilla y la nariz. Había sido por un intento de robo, había querido quitarle una billetera a alguien y la policía lo había capturado y golpeado hasta dejarlo casi muerto. Cuando Saúl le contó a su hermana que los golpes se los había dado su propio abuelo, ella se sintió muy mal al enterarse de esto, al saber del horror de persona que era. El doctor no pudo hacer nada porque después de todo, Saúl había robado y su abuelo estaba haciendo su trabajo.

Chayito no lo pensó dos veces y fue a ver a su abuelo. El hombre se alegró de verla y la quiso abrazar pero ella le gritó:

—¡Asesino! ¡Asesino! ¡Te aprovechas de tu poder y piensas que tienes el derecho de hacerle daño a tu propia sangre! Pero hay un Dios que te va a poner en tu lugar y será el juez de tu vida, porque él te la dio y al igual que a ti, sólo él es quien puede quitar la vida.

Saúl estaba irreconocible en su rostro a causa de los fuertes golpes recibidos. Quizás él hubiera muerto en ese momento, pero no fue así, el joven siguió viviendo para andar por las calles como un vagabundo, arrastrando la crueldad y el odio de todos aquellos que nunca lo quisieron sólo por ser un niño sin padre, proveniente de una cruel violación. Saúl iba a arrastrar esto hasta el final de su camino.

El joven casi no podía hablar con su hermana. Sólo la miraba y apretaba su mano en señal de agradecimiento, mientras sus lágrimas caían por su rostro maltratado. Chayito secaba sus lágrimas con delicadeza y le daba fuerzas para que se curara rápido. Ella se sentía indignada al ver a su hermano así, al saber que un hombre sin corazón y sin sentimientos había maltratado de manera brutal a su propio nieto.

Chayito lloraba sin descanso, lloraba por el dolor que sentía al ver tanta crueldad e injusticia en la humanidad. Le pedía a Dios que recuperara pronto a su hermano y que no le hiciera más daño, que no permitiera que volviera a sufrir de ese modo, que lo dejara vivir como él quería: solo y abandonado, porque Saúl era un ave sin rumbo, sin fronteras y sin destino. Saúl sólo quería volar en libertad por el inmenso cielo, que era ideal para desplegar sus grandes alas de águila solitaria, él tenían que tener espacio para remontar vuelo bien alto, sin que nadie lo molestara. Su hogar lo

La historia de un joven bagabundo

tenía en la montaña más alta, donde sólo él podía llegar y era allí donde se sentía a gusto, donde tenía fuerzas y estaba tranquilo. Ni su propia hermana podía alcanzarlo. Ella no volaba tan alto como él.

Pasaron los meses y sólo Chayito fue la que cuidó todo ese tiempo de su hermano, mientras estuvo en ese frío hospital recuperándose. Ella estaba feliz porque Saúl ya estaba casi sano y salvo. La virgen de Guadalupe había hecho un milagro para mantener vivo al joven. Sin embargo, a Saúl le daba lo mismo sanarse o no, vivir o morir pero no se lo decía a su hermana para no hacerla sentir mal. Chayito le dijo:

–Oye, ¿Qué vas a hacer? ¿Adónde vas a ir?

–Ahora voy a pedirle de rodillas a mi madre y darle las gracias.

Su hermana, molesta, le preguntó:

–¿Pero qué dices? ¡Si ella no vino a verte en ningún momento! ¿Por qué le tienes que dar las gracias?

Saúl sonrió, la abrazó y le respondió:

–No, Chayito, a mi madre Guadalupe que me dejó vivir de nuevo.

–Ya entiendo, perdóname, hermano.

–No te preocupes.

Ella lo acompañó a la iglesia y antes de entrar, compraron unas lindas flores blancas y entraron hincándose y dándole las gracias a la virgen por ser tan divina y milagrosa. Para Saúl era un día especial porque era doce de diciembre, día de la señora de Guadalupe, la que le permitió levantarse de esa cama de hospital tan fría y triste. Saúl no se cansaba de darle las gracias una y otra vez. Su fe era lo más grande que tenía y lo que lo mantenía con fuerzas.

Saúl ya era un hombre fuerte y Chayito una hermosa señorita. Con el pasar de los días, ella se quedó nuevamente sola, sin su hermano y él se fue también solo, a seguir con su vida y pensando que haría de nuevo.

Chayito no le hablaba a su madre por no haber ido ella a ver a Saúl cuando estuvo enfermo y por ver que a la mujer en realidad no le importaba si su hijo vivía o no. Tenía el corazón igual de egoísta que su padre, que casi mata al joven y ella sin hacer nada por defenderlo. Pensó que su madre jamás haría nada por otras personas si ni siquiera era capaz de ayudar a los de su propia familia. Sentía bronca por esto, pero no dijo nada, lo conservó en sus pensamientos. Ella se concentró sólo en la alegría que sentía que su hermano estuviera vivo. Era lo único que le interesaba en esos momentos.

Chayito se dedicó a observar a su madre y a ese extraño hombre que llegaba justo cuando su padre se iba y a investigar la extraña relación que existía entre los dos. Ella se imaginaba que había algo raro en todo eso y que Josué no era una buena persona. Estuvo atenta y cada día tenía más sospechas.

Josué deseaba a Chayito. Era un pervertido y la niña sabía de esto y se daba cuenta cuáles eran sus intenciones. Su madre no se enteró que el hombre había comenzado a faltarle el respeto a la jovencita y a decirle demasiadas palabras fuertes que Chayito nunca había escuchado antes, pero que él se encargó de que las supiera. Ella se aguantaba todo esto porque le tenía una sorpresita a Josué, pero antes tenía que averiguar que sucedía entre su madre y él.

La joven tuvo que aguantar propuestas indecorosas de Josué, pero ella era muy inteligente y siempre encontraba la salida. Su madre le tenía mucha envidia y coraje y Chayito percibía con tristeza estos sentimientos de la mujer hacia ella, pero soportaba esto porque también le tenía una sorpresa a su madre, que la ayudaría a dejar de ser una mujer tan despreciable que sólo mirara los defectos de los demás y nunca los suyos.

Cuando el padre de Chayito llegaba a la casa, su mujer lo hostigaba y lo peleaba a los gritos, diciéndole miles de cosas humillantes que hacían que él se retirase rápidamente porque no deseaba pelear. La joven se daba cuenta que su madre hacía esto para que su padre no volviera a la casa. José era un hombre que viajaba mucho y sólo podía estar en su casa pocas veces, sin embargo, en cada oportunidad, notaba que su esposa no lo trataba bien y discutía por cosas sin sentido. José le decía:

–¿Por qué discutes tanto si vengo a verte?

–Es que me siento despreciada por ti y me siento indignada porque no estás conmigo todo el tiempo.

Todo lo que le decía era falso, se inventaba tantas mentiras que ni ella se las creía. Pero José con esto estaba pagando todo lo malo que había sido con Saúl, su mujer y su propia hija. Para el hombre esto recién comenzaba. No imaginaba el terror que le faltaba vivir.

Chayito se limitaba a mover la cabeza y sonreír de coraje por todo lo que pasaba a su alrededor.

Un día por la mañana, su madre la llamó y le dijo:
–Oye, hija, ¿Por qué no vas a la tienda y me traes un mandado?
–Con gusto mamá.

A pesar de estar siempre dispuesta, a ella le pareció muy raro que su madre la levantara tan temprano sólo para hacer un mandado. Eran apenas las ocho de la mañana.

Salió para la tienda y vio que llegaba justo Josué a la casa. Chayito miró de lejos todo lo que estaba pasando y se quedó con la boca abierta ante la imagen que se presentaba ante sus ojos. Era muy fuerte para ella. No podía creer lo que estaba sucediendo con su madre y en la vida de su padre, que estaba siendo engañado. El corazón de Chayito se destrozó en mil pedazos mientras veía como su madre y Josué tenían sexo en la casa de su padre, y en su propia cama. La jovencita lloró tanto y sin consuelo que vomitó de dolor al ver la traición de su madre.

Ella sólo había querido averiguar lo que pasaba a las espaldas de su padre y suyas, pero no creyó que iba a ver lo que vio. Era una niña de corazón noble y sin malicia, pero de carácter fuerte, aunque no lo sabía. Se dio cuenta de esto cuando miró a los ojos a su madre Lurdes y a Josué. Ella se moría de ganas de decir-

La historia de un joven bagabundo

les todo, pero se calló porque sabía que si decía una palabra, su padre iba a tomar represalias contra su madre y probablemente la tratara con violencia, y ella no quería que a su madre la pasara nada. Pensaba: "¿Qué hago, Dios mío? Ayúdame a pensar rápido" Y así fue.

Se fue a buscar a Saúl y a las cuatro de la tarde lo vio llegar. Llorando, le contó todo lo que había visto.

–Saúl, tienes que hacer algo, por favor –le pidió.

Su hermano, furioso, le preguntó:

–¿Y a ti no te ha faltado el respeto ese hombre?

–Sí, todo el tiempo, desde que llegué que lo ha hecho y mi madre no lo sabe.

Saúl, sin pensarlo dos veces, le dijo:

–Chayito, haremos un pacto entre hermanos.

–No podemos hacer pacto entre hermanos, es malo. Mejor vamos los dos y le damos un susto a ese mal nacido de Josué.

–Está bien.

–Ahora tú ve a casa y llévate este bat –le dijo Saúl–, si ese hombre se te arrima, golpéalo en la cabeza y sino, donde más le duela. ¿Me has entendido? Yo lo estaré vigilando a ese mal nacido.

Chayito sabía que Saúl lo iba aponer en su lugar pero al mismo tiempo le daba miedo y pensaba: "¿Y si lo mata?¿Y si nos meten en la carcel porque lo mata y yo soy su cómplice?" Pero luego se tranquilizaba y se decía a sí misma: "No voy pensar nada malo, todo va salir bien".

Al otro día por la mañana, la madre de Chayito estaba desesperada porque Josué no llegaba. La niña se preguntaba qué estaría pasando. Se levantó de la cama y fue a buscar a Saúl pero no lo encontró y se quedó muy preocupada.

A los dos días se entró que Josué estaba en el hospital, un poco maltratado, con la boca sin ningún diente, y con la cabeza rapada.

Cuando vuelven a encontrarse, los hermanos se ríen porque Saúl le dejó la boca sin dientes y la cabeza sin pelos. Nadie supo nunca lo que le ocurrió al pobre hombre, ni el mismo Josué.

Para Chayito esto no fue del todo suficiente pero se sintió mejor. Sin embargo, a los pocos días Josué volvió a casa con la cara hinchada de los golpes y sin saber qué le había ocurrido. La jovencita, por dentro, se reía de él.

Pasaron cuatro meses y a pesar de lo ocurrido, a Josué no se le quitó lo cochino y atrevido. Chayito discutió con su madre acerca de esto, le pidió a Josué que se fuera de la casa y le dijo a su madre que por favor lo corriera. La mujer le gritó que no y ella a su vez le dijo: "Seguramente porque te hace sentir mejor que papá, ¿verdad?" Su madre la miró con furia y la abofeteó mientras le decía:

–Me estás faltando el respeto y a Josué también.

–No, mamá, tú nos faltaste el respeto a mí, a mi hermano Saúl y a mi padre. Le faltaste el respeto al meter en tu casa a este gusano que está aquí contigo.

La historia de un joven bagabundo

Su madre la corrió de la casa.

—¡Te vas de aquí!

—Sí, me voy porque me di cuenta de la mujer que eres, pero ojalá te arrepientas de todo lo que estás haciendo. La mentira no es buena, mamá, te estás mintiendo a ti misma y te vas a quedar sola. Te juro que no sabrás nada más de mí jamás. Lo siento por mi padre que no sabe lo que estás haciendo con él.

—Todo lo que dices es falso, es mentira.

Su madre negó todo cuanto Chayito le dijo y no tuvo el valor de decir la verdad. Se quedó pensando todo lo que su hija le decía y quería averiguar cuánto ella sabía de lo que sucedía. Pero Chayito no se lo dijo, no quería que su madre pagara y llevar dentro de ella esa espinita clavada.

Su madre sólo quería venganza por todo lo que le había ocurrido en su vida pasada y lo que le ocurría en el presente y no se daba cuenta que estaba dañando todo lo que la rodeaba, especialmente a sus hijos. Ella pensaba en sí misma y no en el daño que hacía en los demás. Pero el tiempo decidiría que pasaría en el futuro de Lurdes.

Chayito y Saúl pensaron en viajar lejos de esa vida maltratada y llena de sufrimiento que tuvieron en las garras de su madre. Creyeron que teniéndolos lejos, ella recapacitaría o se sentiría mejor estando sola, como siempre quiso estarlo.

Dolor en el Corazon y Sentimiento en el Alma

PARA UNA MUJER que fue ultrajada y violada no es fácil de entender por qué tanta crueldad hacia ella. Siente un dolor muy grande al saber que le quitaron la inocencia para siempre y la tiraron a la basura, dejándola resentida, con miedo y vergüenza de que su familia y los demás se enteren. Siente que el mundo se le viene abajo de tanta humillación. Se da cuenta que se burlaron y se aprovecharon de ella por el solo hecho de ser mujer y más débil que los hombres, porque no tiene la fuerza suficiente para defenderse de sus fechorías. Ellos se sienten tan hombres y miran a las mujeres tan frágiles, que hacen uso de su fuerza sabiendo que las van a dañar pero no les importa que sufran porque son unos malvados depravados que no se imaginan el dolor que causan en el corazón y en los sentimientos de ellas, no saben la soledad, la desesperación, el sufrimiento y el desamor que ellas sienten al ser atacadas. No saben el vacío que dejan en su alma y que luego no pueden llenar con nada de este mundo. Lo llevan para siempre, como una daga clavada en lo más profundo de su ser y no pueden evitar recordar el acontecimiento con tristeza, bronca y culpa. Es peor aún si de esto sale un hijo que es llevado en el vientre sin amor y que nunca pidió venir a este mundo a sufrir, llorar y ser un vagabundo, porque él no tiene la culpa de ser fruto de una violación que un mal hombre cometió contra una mujer cuyo corazón no le pertenecía.

Chayito y Saúl se vieron un mes después. Saúl llegó con una cámara en sus manos para regalársela a su hermana, para que llenara el álbum de fotografías que un tiempo atrás él le había regalado. A ella le gustó mucho el regalo porque no tenía una cámara y siempre la había deseado. Abrazó fuerte a su hermano y le indicó que se pusiera frente a ella para tomarle una fotografía. Saúl nunca se había tomado una y aceptó con gusto. Ella sacó dos fotos y luego, cuando pasó cerca de donde estaban una persona, la joven le pidió si podía sacarles una a los dos juntos. Así fue como Chayito tuvo en su álbum de quince años una foto de los dos juntos sonriendo de felicidad por el lindo momento que estaban viviendo y por el nuevo regalo de su hermano que ahora le pertenecía a Chayito.

Poco tiempo después, Saúl llegó a la casa de su madre para saludarla y buscando a Chayito. Ese día su padrastro José estaba en la casa comiendo y cuando vio al joven, se levantó enojado y quiso correrlo, olvidándose que Saúl ya era un hombre fuerte de dieciocho años de edad. En esa ocasión ocurrió algo asombroso: por primera vez, su madre sacó las garras y defendió a su hijo. Él no podía creerlo que ella lo protegiera de ese modo de su padrastro. La mujer había estado confundida tiempo atrás, pero ahora estaba firme y le dijo a José:

—Tienes que respetar a mi hijo Saúl.

El hombre se enojó mucho y la mujer le hizo frente discutiendo con valentía.

Saúl se quedó sorprendido y a la vez feliz de que su madre había demostrado cariño hacia él.

Media hora después, José se sentía humillado por su mujer y tal como lo imaginó el joven, el hombre no se quedó así y tomó a la mujer por los cabellos y la abofeteó. Luego la quiso obligar a hincarse ante él a besarle los pies y a pedirle perdón por la humillación y los gritos que había tenido que tolerarle. La mujer se levantó con furia y le dijo:

—Desde hoy no existes para mí, has muerto en mi corazón, ya no te amo. No fui una madre para mis hijos y sé que ellos no me van a poder entender nunca, pero también sé que desde hoy ya no le pondrás una mano encima a ellos. Vete de mi vida.

José pensó a aquello no era más que un berrinche y la quiso abofetear nuevamente. Al ver esto, Saúl lo tomó del cuello y lo golpeó tan fuerte que ese día el padrastro conoció los puños de un hombre que un día fue un niño y que recibió sus golpes.

Saúl era un hombre muy fuerte. José intentaba evitar los golpes, pero el joven sacó una pistola para matarlo y lo apuntó. Su madre, llorando, le pidió que no lo hiciera, que no se manchara las manos con sangre por una persona que no valía la pena matar.

Saúl la mira y le pregunta:

—¿Por qué, mamá? Si él te ha maltratado y lastimado mucho y a Chayito a quien ha humillado cada vez que se le antojaba. A mí también me golpeó hasta el cansancio. ¿Por qué no lo quieres ver muerto? Yo lo hago. Al fin y al cabo soy de la calle y no me importa vivir toda la vida tras las rejas o morir por algo que he deseado toda la vida. Yo quiero hacerlo. No quiero que nos haga sufrir más.

Su madre le pidió perdón de rodillas a Saúl. Le imploró que la perdonara por todo el daño que le había causado y le dijo:

—Perdóname, hijo, todo ese dolor que sientes por tu padrastro es culpa mía, porque nunca te apoyé ni te valoré como mi hijo. Hace meses Chayito me hizo ver muchas cosas que no quise escuchar. Ahora quiero que tú me escuches y José también. Quiero que ustedes dos y Chayito escuchen todo lo que he pasado en mi vida porque sé que los he maltratado y no soy digna de ustedes, pero la verdad que traigo dentro mío es algo que ya no puedo soportar más, hijo. ¿Cómo puedo saber que un día tú me perdonarás por todo el daño que te he causado?

Chayito y Saúl la miraban fijamente y escuchaban asombrados estas palabras de terror de lo que su madre estaba pasando y del sufrimiento interno que sentía y que no la dejaba ser feliz ni dejaba que los demás

La historia de un joven bagabundo

lo fueran. Pero todo tenía una explicación a su egoísmo, a su fracaso como madre y a la maldad con que había tratado a sus hijos todos esos años.

Así fue como los jóvenes escucharon atentamente la historia de vida de su madre. Ella les contó que la habían violado a los quince años de edad, que en ese momento no tuvo apoyo de nadie porque había callado toda la verdad por miedo de ese fureño que la había amenazado. Fue un hecho que nunca sacó a la luz por vergüenza. Saúl, luego de escuchar esto, le dijo llorando:

–Mamá, ¿Por qué no me quisiste en tu vida? Yo no tuve la culpa por lo que a ti te paso. Cuánto lo siento.

El joven era cariñoso y de un corazón grande. Le pidió perdón a su madre por lo que había ocurrido.

–¿Por qué me pides perdón, hijo?

–Por ese hombre que a ti te hizo daño. Que Dios lo perdone por lo que te hizo sufrir y por el dolor tan grande que dejó en tu corazón. Te pido que lo perdones porque sólo si tú lo perdonas, podrás descansar en paz y Dios te va a ayudar a sanar. Saca tu coraje y tu rencor, mamá. Habla de ello, platícalo contigo misma, no lo dejes dentro de ti.

Lurdes supo entonces que era demasiado tarde para recuperar a sus hijos, que no había servido de nada vivir como había vivido y que había perdido a Saúl y a Chayito y que también había perdido la fe en Dios.

Saúl la abrazó y le dijo:

–Arrúllame mamá, como si fuera un bebé.

Su madre lo abrazó fuertemente contra su pecho y le dio calor de madre. Él le dijo:
—Nunca me olvides, mamá.
—¿Por qué me dices eso, hijo?
—Porque me voy lejos, soy un hombre que tiene que ser libre. Yo te recordaré siempre, te lo juro. Nunca te dejaré de amar, mamá.

Lurdes rompió en llanto desconsoladamente.

Ese día Saúl perdonó a su madre y a su padrastro y no lo asesinó porque no era un cobarde como él, que lo maltrató cada vez que quiso porque él no se podía defender ya que sólo era un niño.

Saúl había estado esperando el momento de hacerle saber a ese hombre que nunca más podría ponerle las manos encima ni a él ni a su madre ni a Chayito y lo había hecho. Tenía mucho rencor hacia él, pero ya había hecho lo que era justo.

El joven se marchó de sus vidas, sabiendo al fin lo que a su madre le pasaba. Supo ese día que su madre lo amaba, pero que el dolor, la tristeza y el sufrimiento que llevaba dentro le había impedido demostrárselo, porque un mal hombre le destruyó sus sueños de niña y le quitó las ilusiones de tener sus quince años. Su madre no tuvo fiesta y su único regalo fue un hermoso niño que no supo cuidar porque era muy pequeña para hacerlo, ella sólo pensaba en jugar y no estaba preparada para tamaña responsabilidad. Hasta ese momento, su corazón había sido tan frágil y pequeño, como un blanco pétalo de jazmín y su alma y mente

La historia de un joven bagabundo

eran como una esponja que absorbía todo lo que veía y sentía a su alrededor. Pero todo se había marchitado una noche oscura y fría de terror y esa niña se convirtió en noche también. Ya no había luz en su alma y nunca más salió el sol para calentar su corazón.

Saúl se despidió en esos momentos con una enorme angustia en su corazón y dolor en todo su ser. Sentía que el corazón se le salía de la boca a causa de tanto llanto. No podía soportar que su madre lo viera llorar así a causa de todo lo que ella le había contado. Ahora él sabía que había sido producto de una violación y no de una relación de amor. Supo por qué había sufrido tanto y por qué lo habían despreciado todos, incluso su propia madre.

Se fue tranquilo de saber la verdad y encontrar una respuesta a todo lo que durante tanto tiempo él no había comprendido y le había hecho preguntarse una y mil veces por qué su madre no lo protegía ni le cantaba canciones de cuna de pequeño. Ahora sabía todo. Entendía el porqué del desamor de los que lo rodeaban y de su propia familia y en su cabeza encontró miles de respuestas a su vida de joven vagabundo.

UN PENSAMIENTO Y UN DESEO

LO MEJOR DE todo era que ahora Saúl era libre como él siempre lo había soñado. Era como esa águila que volaba en lo alto del cielo. Se sentía liberado porque había comprendido el porqué de tanta injusticia y dolor y tenía la sensación de que volvía a nacer de nuevo. Sintió que llenaba aquel vacío de su corazón que clamaba por una explicación y el cual no había tenido la inocencia de un niño normal porque él había sido un niño desprotegido que no había tenido fuerzas de luchar contra el mal y contra todo el terror que vivió y pasó en manos de sus padres y familiares, de todas las humillaciones y la falta constante de paz y tranquilidad desde que había nacido.

Saúl respiró hondo y se sintió mejor porque ahora sabía que él no tenía la culpa de ser como era. Antes de sentía culpable de ser un vagabundo sin fronteras ni rumbo, que iba de un lado a otro, sin quedarse nunca en el mismo lugar. Que no tenía la culpa por la vida que le habían dado y que si era un vagabundo, se debía a que no le habían dado la posibilidad de vivir en un hogar. Por eso al llegar a un lugar nuevo, Saúl pensaba: "Me quedaré un tiempo y luego volaré lejos, me perderé en el camino y me esconderé en las montañas y desde allí podré observar lo que fue y lo que no fue mi vida. Yo no pedí llegar a este mundo. No elegí ni la madre ni el padre que me impusieron en la vida".

En momentos como ése, pensaba en su hermana Chayito y en lo bueno que sería nacer de nuevo y tener una vida distinta sin miedo, sin golpes, sin dolor. Una existencia que valga la pena ser vivida.

EL GRAN ERROR DE UNA MADRE SOLTERA

HAY MADRES QUE sufren, que quedan solteras y que al no tener el dinero suficiente, tienen que dejar a sus hijos en manos de otras personas que los mantengan y les den posibilidades de salir adelante.

Lo más triste es que estas mujeres dejan a los niños con quienes creen que los van a cuidar, proteger y le van a hablar de esa madre que se encuentra lejos luchando por ellos, pero esto no siempre es así. Cuando los niños quedan con familias ajenas, esto no siempre sucede. Por esto, muchas veces los dejan con una tía o la abuela de buen corazón que quiera hacerse cargo de ellos y que los ame. Las madres optan por esto porque no tienen otra salida para mantenerlos. Creen que hacen lo mejor por sus hijos y que con el tiempo, estarán agradecidos con ellas y con las tías y abuelas que se encargaron de su educación y le dieron el cariño que su madre no pudo darles. Estas madres son las que aman en silencio y sufren una larga agonía que sólo ellas experimentan y saben lo que se siente estar en tal situación, lejos de sus hijos y sin saber lo que ellos sienten o les pasa en el día a día. Es muy triste para estas madres saber que todas sus cosas se las cuentan a su abuela o tía y que ellas los ignoren, porque no son su madre verdadera. Una madre jamás ignora a su hijo y no permite que lo maltraten ni que lo humillen a sus espaldas. Es duro saber que las personas con las que dejaron a sus hijos les mienten acerca de ellos y le quiten lo más preciado que tienen: su cariño, que hace que cuando lleguen otra vez a verlos, ellos la miren como a una desconocida y la ignoren. Se sienten morir por dentro, sienten un dolor muy intenso en su interior que les destroza el alma porque no son bien recibidas por sus hijos, de quienes esperan todo el amor, ya que al dejarlos, le dijeron que no se preocupara, que ellos la recordarían siempre y jamás la dejarían de amar porque es su madre.

Pero la realidad es otra, el paso del tiempo y el destino cambian las cosas y ahora son muy distintas a como eran en ese día en que dejaron a sus tesoros en manos ajenas, con la esperanza y la ilusión de regresar y encontrar el amor de los niños hacia ella, intacto. Una madre al regresar, siente deseos de abrazar a sus hijos y darles todo el amor que no les pudo dar durante mucho tiempo. Pero se lleva una enorme sorpresa al ver a los niños tan cambiados. La decepción por la propia sangre es muy grande. La mujer se da cuenta el daño que la distancia hizo en sus hijos y en ella misma. Los niños tienen el corazón destrozado de tanto dolor al creer que su madre los abandonó cuando eran muy pequeños. El corazón de esos niños ya no le pertenece, a pesar de todo lo que tuvo que sufrir y luchar por ellos. En ese momento la mujer se da cuenta del error de haberlos dejado en manos ajenas, en personas que no conocen el dolor de una madre ni nunca podrán sentir algo semejante.

Las madres creen que sus hijos estarán bien seguros y que nada les va a pasar en su ausencia porque saben que la familia con la que se encuentran va a hacer de segunda mamá y para ellos será como si su propia madre estuviera allí, hablándoles y escuchándolos. La mujer siente que puede estar segura de que nada ni nadie les va a quitar el amor de sus hijos. Tiene la certeza de que es de ella y nadie más. Pero no es así.

El dolor más grande lo sienten cuando se dan cuenta que se aprovechan de su ausencia para atacar a su hijo que nada sabe y es indefenso porque ella no está a su lado. Muchas veces no imagina que existe tanta maldad, que las personas con quienes dejó a sus hijos se encargan de hacerles daño y dejar que el niño llore y sufra por extrañar a su madre y no tener su cariño. Ese llanto luego que el niño crece se transforma en rencor hacia ella, porque de la familia con la que vive ha escuchado que lo dejaron y que nunca lo quisieron. El niño se siente solo, abandonado y sin el amor de una madre. La mujer descubre que las personas con las que dejó a su hijo la engañaron y estafaron.

Cuando la mujer experimenta todo esto y siente en carne propia todo ese dolor, no puede creer que exista tanta crueldad y engaño en su propia familia, a quien les dio todo de ella misma, especialmente aquello que más aprecia como lo es un hijo. Pero luego todos la consideran una mala madre, no sólo sus hijos sino también las personas que la rodean.

Es muy triste para ella pensar que ha perdido el amor de sus hijos y ver que ellos la miran diferente, como un monstruo que no vale la pena. La madre se retira sola y en silencio, con el corazón vacío y destrozado, tal como se marchó sin sus hijos y sin nada en sus brazos tiempo atrás. Da media vuelta y regresa nuevamente a su vida, dándose cuenta de lo equivocada que estaba al pensar que tenía la mejor de las familias. Esto era sólo una gran mentira. Es lo que le sucede a toda madre que comete el error de dejar a sus hijos en manos de otra persona, viendo cómo el tiempo y el amor de sus hijos se diluye y no poder hacer nada para evitarlo.

UN ANGEL OLVIDADO

LA HISTORIA DE Saúl siguió siendo más fuerte que antes, era una "historia" única la de este joven, pero también hay otras, de niños que pasan por situaciones similares, abusados física y moralmente por sus propios padres y que para alejarse de ellos, andan vagando solos por la vida, con el corazón vacío y la sensación de que no valen nada en la vida de sus padres. Se sienten solos y abandonados como Saúl. El joven se sentía solo y aislado de todos los que él quería; su madre y sus abuelos, pero no de Chayito, quien siempre lo acompañó, lo quiso y lo sigue queriendo.

Saúl se despidió de Chayito. Ella lloró sin consuelo, lo abrazó con mucha intensidad y con todas sus fuerzas al igual que él. Los dos se hincaron y se pusieron a rezar. Se prometieron mutuamente no olvidarse de su cariño recíproco. Ella le pidió que recordara siempre que tenía una hermana que lo amaba y que no se sintiera triste, pero que si lo hacía, le pidiera a la virgen de Guadalupe tranquilidad, protección y amor en su corazón, como siempre lo había tenido. Saúl. le dijo a Chayito que se cuidara, que fuera buena siempre y que cuando tuviera hijos les diera mucho amor y no se canse nunca de hacerles saber cuánto los ama y cómo los va a proteger de cualquier peligro. Saúl también le pidió que no le contara a sus hijos de todo lo que ellos habían vivido, que le dijera a los pequeños que tenían la mejor abuela del mundo, y no todo lo contrario, para no causarles temores ni traumas innecesarios en sus vidas. Le dijo:

–Prométemelo, hermana.

Chayito tenía los ojos llenos de lágrimas. Lo miró, le acarició el rostro y le contestó:

–Vete sin cuidado, hermano. No te preocupes, sólo tu y yo sabremos de esto, de todo el dolor y la tristeza que hemos pasado. Lo llevaremos por siempre en nuestros corazones. Tú te lo llevarás lejos, pero jamás podrás sacártelo de tu mente y tu alma porque forma parte de ti, pero si le pides a Dios sabiduría, él te ayudará a superarlo. Ten mucha fe, sé que algún día lo lograrás. Ese día ven a buscarme, yo te estaré esperando y los dos juntos gritaremos de alegría por haber podido salir de la oscuridad en la que vivimos toda nuestra infancia y adolescencia. Saúl: no te olvides de mí, por favor. Pídele a Dios también por mí. Yo voy a hacer lo mismo por ti: nunca te olvidaré. Nunca olvidaré todos aquellos lindos momentos que pasamos juntos y felices, los juegos, las travesuras, Súperman, las tortas que nos regalaban, las bardas que saltamos para entrar a la alberca porque no teníamos dinero... pero no nos

LA HISTORIA DE UN JOVEN BAGABUNDO

hacía falta porque nuestra alegría era suficiente para estar felices y entrar a ese mundo que sólo era nuestro.
–¿En qué mundo estábamos juntos, Chayito? En uno de dolor y sufrimiento.
La jovencita era un mar de lágrimas porque su hermano del alma se iba lejos de ella y a partir de ese día se quedaría sola.
A Saúl le gustaba vestirse de soldado. Decía que se iba a los Estados Unidos y que allí quería tener esa profesión, por eso se compró todo el traje. Vestido con su nuevo uniforme, parecía un soldado de verdad. Él decía que se había comprado unas buenas botas y que llegaría a los Estados Unidos para cumplir lo que quería. Su mente era un poco loca, pero el joven se veía muy bien de color verde soldado.
Saúl salió a las tres de la tarde de un día sábado del año 1985. Estaba muy contento de éste, su primer viaje importante. Sentía que sus alas eran enormes y que remontaba vuelo rumbo al Norte. Saúl había pasado mucho tiempo sufriendo. ¿Qué le esperaba ahora?
El joven llegó a destino una semana después de haberse marchado. Durante el camino pasó frío y hambre. Deambuló por las carreteras en completa soledad, desorientado y sin dormir. Sin embargo tuvo mucha suerte porque casa coche que pasaba le hacía aventón. Saúl era tan amigable que nadie se negaba a ayudarlo. Durante el camino, él terminaba haciéndose amigo de quien lo había recogido.

Era un muchacho fuerte y no lo afectaba el frío ni el hambre. Los conocía desde siempre, casi como a viejos amigos.

Su estomago era fuerte y resistente. Comía alimentos que encontraba en la basura. Saúl no moría de hambre porque comía aquello que veía con sus ojos y que su estómago le pedía.

Así fueron pasando los días y Saúl seguía caminando solo y pidiendo ayuda para llegar. Su ropa de soldado era fuerte y sus botas también. Cuando sentía calor, se sentaba y se quitaba las botas grandes y pesadas y la camisa. Entonces seguía caminando descalzo porque aquel calzado lo cansaba. Sentía sus pies maltratados de tanto caminar entre piedras y caminos mal conservados.

El camino que Saúl debía recorrer era enorme, pero él no se daba por vencido. Pensaba que algún día, tarde o temprano, llegaría a su destino. Para él en realidad no era nada lo que estaba pasando, ya que por su vida pasada, sabía de los peligros de la calle y era muy inteligente. Cuando veía que había algún peligro cerca, daba la vuelta y tomaba otro camino. En ocasiones, si se encontraba con personas, no tenía problemas y se hacía amigo de ellos para que no le dijeran nada. Saúl era un joven tranquilo, y a la vez muy fuerte, aunque no le gustaba usar su fuerza ni lastimar a nadie. Sin embargo, cuando lo hacían enojar, no podía evitar defenderse y sabía pelear muy rudo, porque eso había aprendido en la calle. Levantaba pesas y le gustaba

La historia de un joven bagabundo

hacer ejercicio para mantenerse fuerte y en forma. Sus mazos eran grandes y su abdomen era como topes de la gran manzana de "Nueva York". Era un joven muy guapo, con unos ojos verde claros, piel blanca y rizos color oro. Saúl pensaba "Creo que en los Estados Unidos van a confundirme y pensar que soy americano"

Saúl llegó a Tijuana al cabo de un mes, cansado, solo, y sin haber comido ni dormido bien durante muchos días. La ciudad era muy bonita y él pensaba que así eran los Estados Unidos. Estaba tan cansado, que sólo quería sentarse a descansar y reponer fuerzas. Se metió debajo de un puente, se recostó y enseguida aparecieron dos personas por allí. Saúl comenzó a hablar con ellos acerca de la belleza de aquella ciudad. Ellos le preguntan:

–¿Tú no eres de aquí?
–No.
–¿De dónde eres?

Saúl no contestó pero supo que las personas que estaban con él también estaban esperando el tiempo para salir hacia los Estados Unidos.

A los dos días salieron de ese puente donde durmieron y descansaron Saúl y las otras dos personas. Saúl siguió camino, se fue hacia el desierto para atravesarlo. Estuvo días sin descansar. Caminaba día y noche con sus pesadas botas de soldado, que aunque eran muy fuertes, no impedían que sus pies se cansaran y se hicieran daño. Pero él no se daba por vencido. Su ropa de militar no se rompía tan fácil, a pesar del tiempo que hacía que la llevaba puesta y de las inclemencias del tiempo, pero su piel blanca estaba muy maltratada con golpes y magulladuras. En el cuerpo tenía cicatrices y raspaduras de piedras, pero él seguía su camino y se concentraba en el lugar a donde quería llegar.

Dos semanas después de caminar por el desierto, llegó a la ciudad de California, San Diego. Caminó sin descanso buscando a alguien que lo llevara a la ciudad de Los Ángeles, California.

Saúl tenía un ángel de la guarda muy especial, que siempre lo acompañaba y lo ayudaba. Tuvo la suerte de cruzarse con varias personas que al conocerlo, le brindaban su ayuda y le daban de comer, y si no tenían para darle alimentos, le pedían a los que pasaban al lado que lo ayudaran. Así pasó el tiempo pidiendo limosna por las calles y sólo de esta forma pudo conseguir un poco de dinero para seguir adelante con su viaje. Saúl no se sentía mal mendigando porque era algo a lo que estaba acostumbrado desde niño y sabía cómo conseguir que lo ayudaran. Muchos le daban unas monedas, aunque también había quienes lo maltrataban y humillaban. Pero para Saúl una humillación más, no era nada. El joven vagabundo estaba acostumbrado. Pensaba que todo iba a pasar pronto y que un día sería millonario, pero luego se reía.

Al poco tiempo llegó a Los Ángeles. Allí se quedó y trabajó un poco ayudando en la iglesia. Habló con el sacerdote del lugar y le contó que no tenía hogar, en-

LA HISTORIA DE UN JOVEN BAGABUNDO

tonces el buen hombre le permitió vivir en el templo por un tiempo. Le dio ropa y comida. Saúl estaba sorprendido de ver como lo querían y lo estimaban todas las personas que se preocupaban por él y lo ayudaban. Saúl era muy amable con todos y ayudaba a limpiar la iglesia. Estaba muy agradecido por su suerte y se iba con un grupo de personas que ayudaban a niños de la calle que no tenían ropa ni comida. Saúl miraba a esos pequeños y las lágrimas rodaban por sus mejillas. Pero nadie lo veía, sólo él, en su corazón, sabía lo que era ser un niño de la calle.

Así fue pasando el tiempo y a Saúl le gustaba mucho ayudar. Había aprendido a rezar y le habían enseñado acerca de la Biblia. Él nunca había tocado una en su vida, pero cuando la tocó, ésta también toco su corazón. Para él, la Biblia se convirtió en su diario, en su lectura habitual. Se pasaba horas leyendo y orando. Era su alimento del alma, el que le sanaba su corazón herido.

Pasó bastante tiempo en ese lugar pero él comenzó a molestarse porque le gustaba la libertad, no quedarse en un solo lugar. Él había nacido libre y nadie lo podía detener. Estaba muy agradecido con todos los que lo habían ayudado y se despidió de ellos para seguir su rumbo. Se fue más al norte de California, porque su sueño era conocer más lugares el mundo.

Saúl era un muchacho que al llegar a un sitio, trabajaba duro por un tiempo pero después perdía su trabajo porque lo que él buscaba era sólo un poco de dinero y pasear un rato para conocer lugares.

Así fue pasando el tiempo y Saúl ya no pensaba en nadie, ni en su familia ni tampoco en su vida pasada. Sólo pensaba en que tenía que aprender el inglés y tener muchos amigos americanos y de todo el mundo. Él era un joven amable y le gustaba mucho conversar. Así fue como rápidamente dominó el idioma de aquel país y se transformó en todo un bilingüe.

Pasaron dos años y Saúl ya no sólo dominaba el inglés sino que también había aprendido italiano. Era muy inteligente y nada presentaba dificultades para él. Ya tenía muchísimos amigos de otros países.

Por momentos, él recordaba a su hermana Chayito pero trataba de no comunicarse con ella para no sentir que se tenía que regresar a su tierra. Quería olvidarse de su familia para que su madre no sufriera más.

Cuando Saúl se despidió de su madre y de Chayito para emprender su viaje, él había tomado una gran decisión, se había prometido a sí mismo que no volvería atrás. Para él no había pasado, sólo presente. Sólo le dolía haber tenido que dejar a su hermana, pero lo tenía que hacer.

Saúl lograba todo lo que se proponía. Tenía trabajo, dinero, un lugar donde vivir y medios para moverse. Se sentía fuerte, trabajaba donde le gustaba y con el dinero ahorrado se había comprado un buen auto.

EL GRAN AMOR DE SU VIDA

LLEGÓ EL DÍA en que Saúl encontró a una mujer que hizo que su corazón se enamorara profundamente de ella. Su nombre era Noemí y era muy bonita. Tenía los ojos negros y para el muchacho ella era una reina. Cuando se la presentaron, se quedó impresionado con la joven y fue a buscarla para entablar una relación. Ella vio que Saúl tenía dinero y un buen auto y se aprovechó de él, porque en realidad no lo amaba, sólo quería jugar con el joven porque sabía del interés que Saúl tenía por ella hacía tiempo. Todo fue muy rápido, estuvieron de novios un corto tiempo y un día Saúl le pidió matrimonio a la mujer que él amaba profundamente.

Saúl moría de amor por esa joven, y se casaron, pero sólo ella sabía que había aceptado estar con él por su dinero. Hasta el momento, Saúl no se había enamorado nunca de ninguna mujer y el sentimiento hacia Noemí era sincero y puro, porque estaba enamorado.

Tuvo tanta suerte, que un día lo contrataron para una exhibición de pinturas. Tiempo atrás, él había mandado una prueba de su pintura, ya que había aprendido a hacerlo muy bien. Para él era un sueño, ya que pensaba que si sus obras gustaban, iba a ganar más dinero para comprarle una casa a su esposa y tenerla como una reina. Saúl pensaba todo el tiempo en ella, no le importaba nada más, sólo gastar y vivir con su mujer. Él estaba loco de amor por Noemí.

Saúl empezó a vender sus cuadros, a hacerse famoso y a ganar mucho dinero porque sus pinturas eran muy bonitas y codiciadas. Comenzó a volverse egoísta y a creerse más porque ahora era famoso. Noemí lo tenía en sus manos, esa mujer lo cambió a Saúl en muchos aspectos. Era otro muchacho, sus sentimientos y su manera de pensar eran muy diferentes de como eran antes. Ya no pensaba en su hermana Chayito. Ella, a la distancia lo añoraba y siempre esperaba una carta de su hermano, pero no supo nada de él por cinco años. Saúl se había olvidado de ella. Mientras tanto, Chayito pensaba en él y cada vez que miraba el álbum de sus quince años que él le había regalado, tomaba la fotografía en que aparecían ellos dos y recordaba cómo reían juntos y cuántas cosas buenas y malas habían pasado. Chayito nunca se olvidaría de su hermano ni de su madre, que seguía estando sola, con sus remordimientos que no la dejaban vivir en paz.

Un tiempo después, Saúl le dijo a su esposa Noemí que quería tener un hijo y ella le contestó que todavía no era momento de hacerlo. Él deseaba mucho tener un hijo pero ella no estaba dispuesta a dárselo. Con el paso de los meses Saúl le exigía que se embarazara ya que él quería conocer a su sangre, quería sostener a un hijo propio en sus brazos. Él imaginaba cómo sería tener un niño, lo bonito que sería abrazarlo, besarlo, sostenerlo en brazos y verlo crecer. Quería un niño a quien pudiera entregar todo de sí, a quien viera crecer a su lado, le enseñara a hablar, a caminar, le diera todo su amor. Ansiaba escuchar que su hijo lo llamara papá y se aferrara a él, que lo iba a sostener fuertemente hasta que aprendiera a andar solito por la vida. Saúl soñaba con todo esto y mucho más, pero todo quedaba en su imaginación, no era más que una ilusión.

Dos años después, Saúl ya era un hombre hecho y derecho, era mucho más maduro en su forma de pensar, tenía dinero y el amor de su mujer. Esto es lo que él pensaba, porque la realidad era otra. Noemí lo engañaba con un hombre a escondidas suyas. Hacía tiempo que le mentía. Saúl tenía sus sospechas por el hecho de que su mujer se había negado a darle un hijo a él, que era su esposo, pero la amaba tanto que no cuestionaba nada de lo que ella le decía y mucho menos se imaginaba que lo engañaba con otro hombre. Esa mujer era para Saúl su vida. Estaba siempre dispuesto a hacer cualquier cosa por ella, pero la mujer no le retribuía todo ese amor.

Cuatro meses después, Noemí quedó embarazada de su amante. Saúl no lo sabía y la mujer simplemente le comunicó que estaba embarazada. Él se puso loco de felicidad al saber que por fin iba a ser papá. Era como un sueño hecho realidad, pero Noemí era tan perversa que tenía otros planes. Ella no quería tener al niño por varias razones, pero la principal de todas era que su amante era de raza morena y Saúl era de tez blanca y ojos verdes, lo cual le iba a resultar extraño a él ver que su hijo era morocho y no ser le parecía en nada. La mujer quería abortar. Cuando se fue a hacer los estudios, este deseo se acrecentó al enterarse que no eran uno sino dos bebés. Saúl brincaba de gusto cuando supo la noticia, pero la alegría le duró poco porque la mujer, sin tener compasión, abortó a los dos niños que estaban en su vientre. Lo hizo sin sentimiento de madre ni piedad por esos pequeños que esperaban para nacer. Cuando Saúl supo que había perdido a sus hijos –que seguía pensando que eran de él– sintió que su corazón se detenía. Lloraba como si fuera un niño a quien acabaran de quitarle su paleta. Se sentía tan mal que sólo quería estar solo para pensar y llorar su angustia. No quería ver a nadie ni probar alimento. Su desasosiego era muy grande, se sentía vacío por dentro y sintió todo junto el peso de la desilusión. Él ya había comenzado a imaginarse cómo serían, qué nombre les pondría a cada uno y cuáles serían sus primeras palabras, pero la cruel mujer que tenía a su lado le destrozó las ilusiones de ser padre por primera vez.

Pasaron tres meses y Saúl todavía no podría superar la tristeza por la pérdida de sus hijos.

Un día, le comunicó a su esposa que tenía que viajar por dos días y le ofreció llevarla, pero ella rechazó al invitación prefiriendo quedarse sola en la casa. Sucedió que unos minutos antes del viaje, se le canceló el

La historia de un joven bagabundo

vuelo y Saúl tuvo que regresar a su casa. Fue grande la sorpresa que se llevó al entrar y encontrarse con Noemí y su amante juntos. No podía creer lo que sus ojos estaban viendo. Enseguida, la cruel mujer se acercó a él, le rodeó el cuello con sus brazos y le pidió perdón llorando. Él se quedó sin habla por la conmoción de todo lo que estaba pasando a su alrededor. No se había dado cuenta que se había casado con una mujerzuela de la calle. Su amor por Noemí lo había cegado por completo y no le había permitido ver la realidad. Pero en esos momentos, la miró y sintió que quería destrozarla con sus propias manos porque se dio cuenta que ella había matado a sus hijos.

–¡Fuiste tú la que mató a mis hijos! ¡No era cierto que los perdiste!

–¡No eran tus hijos, eran los de mi amante! –Le contestó gritando.

–¿Y qué importa? Igual eran tus hijos y los mataste, no les diste la oportunidad de vivir a esos dos angelitos. Yo los hubiera reconocido como mis hijos, pero no era justo quitarles la vida a dos inocentes criaturas, que no pidieron llegar a tu perversa vida. Tienes un corazón negro. Ojalá Dios te perdone todo el daño que les has hecho a tus propios hijos y al amor que yo sentía por ti.

Saúl se sintió muy mal y se le vino a la cabeza el recuerdo de lo que había sucedido con su madre, que lo hizo poner más triste aún. Sentía que con él habían hecho algo similar, sólo que no le habían quitado la oportunidad de vivir. Se sintió muy molesto y enojado al darse cuenta del daño que una madre podía causar. Para él, el aborto era algo que no podía soportar, porque sabía que con él habían querido hacerlo.

–Nadie –como seres humanos que somos–, tiene el derecho de quitarle la vida a otro ser humano, por más pequeño que sea –dijo Saúl.

Se sentía indignado al darse cuenta que la mujer con la que se había casado era un monstruo que no había hecho más que causarle un daño tremendo en el corazón. Se quedó traumatizado otra vez y esa oscuridad en la que había nacido y vivido regresó a él. Saúl cayó otra vez en las drogas y dejó de trabajar. Ya no se dedicaba a sus pinturas, su preciado trabajo se fue a la basura y su vida quedó condenada al fracaso.

Al poco tiempo Saúl perdió la casa y todos sus bienes que había conseguido con esfuerzo. Ya no era un muchacho exitoso. Se la pasaba drogándose y durmiendo en las calles y en los puentes. Empezó otra vez a ser un vagabundo sin rumbo fijo. Ya no le interesaba vivir. La mujer que tanto quiso lo llevó finalmente a ser como era antes, aunque en su momento le cambió la vida y lo ayudó a alcanzar sus metas. Cuando la conoció, ella le hizo sentir que valía la pena estar en la tierra y le enseñó a valorarse a sí mismo. Él no le tenía rencor a esa mujer, por el contrario, estaba agradecido con ella porque lo había hecho soñar tantas veces.

AL PASO DEL CAMINO

SAÚL DESPERTABA CADA día en su dura realidad y se daba cuenta que su vida continuaba por el mismo camino, lo cual le hacía recordar todos aquellos momentos de su vida en que estuvo en una situación semejante. Él había vivido durante mucho tiempo vagando por las calles y también ayudando, pero ahora había vuelto a ser un joven envuelto en las drogas cuya mente vivía en un mundo oscuro y de pesadilla. Ya no pensaba en su futuro, para él no existía, sólo existía el día que vivía y le era posible saber que seguía con vida. Cuando Saúl se drogaba, era un desconocido que no podía ni él mismo saber quién era. En una noche de mucho dolor y angustia, llegaron a su mente miles de recuerdos del pasado que le provocaron deseos de quitarse la vida para abandonar este mundo de una vez por todas. Quiso hacerlo pero lo único que consiguió fue cortarse un dedo. Algunas personas que pasaron cerca lo vieron y no le permitieron cumplir con su cometido. Inmediatamente lo llevaron a un hospital para que lo atendieran y lo mantuvieran a salvo. Al día siguiente el joven se despertó y le faltaba un dedo. Él no se había dado cuenta que la noche anterior se lo había cortado en un ataque de dolor y odio.

Era triste que Saúl ya no supiera lo que hacía con su propia vida. Las drogas lo estaban consumiendo. Muchas personas lo mandaban a centros de rehabilitación para que lograra salir de su adicción, pero luego de salir de allí, seguía haciendo lo mismo. Estaba atrapado por su vicio. No iba a cambiar, ya era así y lo seguiría siendo por siempre: un joven vagabundo.

Chayito viajó a California a buscar a su hermano. La jovencita se había transformado en una hermosa mujer. Ella pensaba: "¿Cómo voy a encontrar a Saúl?¿Y si nadie lo conoce?" Pero luego se tranquilizaba pensando que Dios diría y que de una forma u otra la pondría en el camino de su hermano.

Cuando llegó a los Estados Unidos, se instaló allí por un tiempo y comenzó a trabajar. En San Diego preguntó por su hermano y dio referencias de él, pero no logró averiguar nada.

Luego, la joven se fue rumbo a la ciudad de Los Ángeles y se quedó durante cinco meses buscando alguna información sobre su hermano. A todos los que podría les preguntaba si lo conocían. Sólo una persona le dio una pista para encontrarlo. Le dijo:

—¿Por qué no vas a la iglesia, a preguntarle al sacerdote?

Así lo hizo. Llegó a la iglesia que le habían señalado y encontró al sacerdote. Se acercó y le preguntó si conocía a Saúl. Él le respondió:

La historia de un joven bagabundo

–Ese jovencito vino un día aquí para ayudar con la iglesia y ganar algo de dinero porque no tenía hogar. Estuvo con nosotros dos años pero luego se fue. Esas fotos que usted trae se parecen mucho a él y usted también se le parece en algo.

Chayito se puso muy contenta porque supo que estaba cerca de encontrar a su hermano del alma y tenía muchas ganas de verlo nuevamente, después de tanto tiempo. Las jornadas de búsqueda eran pesadas, pero ella no perdía las esperanzas y la fe de que un día lo iba a encontrar.

Ella era una joven soltera y sin compromisos. Al estar trabajando, conviviendo y relacionándose todo el tiempo con sus amigas y gente nueva, conoció a un muchacho muy guapo de quien se hizo amiga. Al pasar los días y entablarse una linda relación, la joven le contó el motivo por el que había viajado a California y el joven pretendiente le ofrece su ayuda para buscar a Saúl.

No se cansaba nunca de recordar que un día, tiempo atrás, estuvieron los dos juntos, encontrándose a escondidas de su madre y compartiendo alegrías y tristezas. Para ella era una ilusión muy grande tener a su hermano frente a frente para abrazarlo, decirle lo mucho que lo había añorado y reír nuevamente juntos, como en los viejos tiempos. Siente la falta del cariño de su hermano para sentirse tranquila. Con el paso de los días, la lucha por encontrarlo es cada vez más ardua y por momentos, Chayito siente deseos de regresar a México.

Pero el destino le tenía reservada una sorpresa en aquella ciudad. La felicidad estaba muy cerca de ella y no se daba cuenta. El joven que la ayudaba a encontrar a su hermano era su felicidad.

Así pasaron los meses y los dos juntos seguían fieles en la búsqueda. Un día, Alberto le preguntó:

–¿Chayito, por qué razón buscas a Saúl con tanta desesperación?

Él no entendía por qué la joven se la pasaba llorando por su hermano y se sentía preocupado por ella. De tanto preguntarle qué le ocurría, Chayito le contó toda la dolorosa historia de su infancia y los duros momentos que habían tenido que vivir a causa de su madre y su padre. Luego de escuchar el relato, Alberto se quedó mirándola con tristeza y se acercó a ella para abrazarla fuertemente. Chayito aceptó aquel abrazo que tanto necesitaba.

–Gracias, necesitaba que lo hicieras.

–Yo te voy a proteger y a dar mucho amor.

–¿De qué me estás hablando? –Le pregunta ella.

–Sí, Chayito, quiero que me aceptes como tu esposo.

Ella se quedó dura y temblando al sentir la presión de aquella propuesta. Era una joven tímida en el amor y con los hombres. Para ella era una experiencia nueva, especialmente porque era un amigo y no un novio el que le estaba pidiendo matrimonio.

–Pero si nosotros no somos novios, Alberto.

La historia de un joven bagabundo

—¿Y para qué? Si ya te conozco y hemos pasado mucho tiempo juntos, incluso trabajamos juntos. ¿O no, preciosa?

La joven lo abrazó y se dieron un beso. La verdad era que si, ella también lo amaba.

Cinco meses después, los jóvenes se casaron y Chayito se sentía la mujer más feliz del mundo, pero no se olvidó de su hermano. Le siguió los pasos por muchos meses. Alberto le dijo un día:

—Vamos de paseo a San Francisco.

—¿Y para qué nos vamos de paseo por unos días?

—Para disfrutar otros aires y conocer una ciudad nueva.

Prepararon las maletas y al día siguiente partieron hacia la ciudad de San Francisco. Llegaron y se instalaron en un bonito hotel. Al día siguiente, Chayito le dijo a su esposo:

—¿Sabes? Me gustaría que me llevaras a comer al restaurante que está frente al hotel.

El hombre no lo pensó dos veces y le dio con el gusto a su querida esposa. Entraron y buscaron una mesa. Hicieron el pedido y se quedaron conversando animadamente mientras esperaban que llegaran sus platos. De repente, Chayito se llevó una gran sorpresa cuando vio pasar un joven que llevaba una charola de platos y que le resultaba familiar. Ella lo miró una y otra vez y luego se levantó de su silla para ir a la cocina a mirar

más de cerca a ese joven tan parecido a su hermano. Su esposo, extrañado, le preguntó:
—¿Qué te pasa, mujer? Pareciera como si hubieses visto un ángel. Y ahora... ¿Por qué estás llorando?
Chayito le contó que aquel joven parecía su hermano y que se encontraba dentro de la cocina.
—¿Pero tú estás segura de que es Saúl?
Llena de angustia y desesperación, le respondió:
—Sí, Alberto, es él. Para mí no pasa el tiempo, lo reconozco. Quiero que me acompañes, por favor.
Chayito le pidió a otro mesero que por favor llamara al muchacho que estaba lavando los platos en la cocina, el que se llamaba Saúl.
—No señora, no se llama Saúl, su nombre es Silvestre —le contestó el mesero.
—No, se llama Saúl y quiero que venga, por favor.
El hombre fue a llamarlo y unos minutos más tarde, el joven se acercaba a ella. Al verlo, tenía muchas ganas de ir a abrazarlo pero se contuvo, aunque estaba segura que aquel muchacho llevaba su misma sangre. Saúl no la conoció porque su hermana ya no era una niña, sino toda una hermosa mujer. Ella le dijo:
—Joven, discúlpeme, ¿pero usted no se llama Saúl?
—No, mi nombre es Silvestre.
Chayito sabía que estaba frente a su hermano, por eso optó por hacerle otra pregunta:
—¿Recuerda usted a su hermana Chayito?
Cuando Saúl escuchó ese nombre, la miró sorprendido.

La historia de un joven bagabundo

−¿Por qué, señorita? ¿Usted como sabe de Chayito? Ella se emociona mucho porque su corazón le decía que era su hermano aquel joven que ahora no la reconocía. Comenzó a recordar cómo miraban juntos las películas de Superman que volaba tan alto... ahora ella quería volar con su hermano Saúl. Se acordó de todas las aventuras y travesuras compartidas, esos tiernos recuerdos de infancia que jamás se le iban a olvidar, ni a ella ni tampoco a él, seguramente.

−¿Y usted quien es? −preguntó el joven, sin dejar de mirarla.

−Yo me llamo Chayito y llevo años buscando a mi hermano Saúl sin poder encontrarlo, pero mi virgencita de Guadalupe me señaló el camino y me dijo: "Ve ahí, que es el lugar donde está tu hermano".

Saúl no podía creer todo lo que él estaba pasando. Le parecía increíble ver a su hermana querida y que ella lo hubiera estado buscando durante tanto tiempo. Se tocaba la cara y la cabeza le daba vueltas de felicidad. Le pidió perdón a Chayito por haberla abandonado y la abrazó muy fuerte. Ella lo besó muchas veces mientras lo estrechaba en sus brazos y le daba gracias a Dios de haberlo encontrado. Los dos lloran emocionados por la alegría y la sorpresa del momento.

−¿Qué ha sido de tu vida hermano? Cuéntame por favor −Le preguntó ella.

−Pues nada, hermana, vagando por el mundo y por la vida. ¿Y tú?

−Se me olvidaba presentarte a mi esposo.

—¿Ya te casaste?

—Sí, él es mi ángel de la guarda, él me cuidó y me ayudó con tu búsqueda y hasta este momento lo ha hecho. Creo que sin él no te hubiera encontrado, hermano. Tengo, gracias a Dios, un esposo bueno y cariñoso.

—Qué bueno, se ve que te quiere mucho y tú también.

Alberto lo saludó y le dio un abrazo y los dos conversaron por horas hasta que la pareja tuvo que regresar al hotel. Chayito le dio a su hermano el número de teléfono de ella y su esposo y la dirección de su casa en Los Ángeles, donde vivían. Saúl no quiso ir con ellos, sólo se conformó con tener el número de teléfono para poder comunicarse con su hermana y su cuñado.

Aquel día fue hermoso y especial para los dos porque pasaron el tiempo entre conversaciones y recuerdos de infancia. Fue un milagro de Dios y para Chayito fue el día más feliz de su vida al reencontrarse con su hermano después de tanta lucha por localizarlo. Estaba contenta de haberlo encontrado con vida y trabajando, sin embargo, lo notó mal. Cuando vio que le faltaba un dedo sintió un dolor muy profundo en su corazón. Se imaginó lo que podría haber sucedido, pero no le dijo nada a Saúl. Su hermano ya no era ese joven brillante y simpático, era un muchacho triste y desolado, sin esa chispa en los ojos ni alegría en su corazón.

Saúl le preguntó cómo se encontraba su madre y Chayito le contestó la verdad:

La historia de un joven bagabundo

–Mamá está sola y muy triste. Se pasa el tiempo pensando en los errores de su vida y se siente muy culpable por todo, pero está bien.

Luego de esos días de descanso, Chayito tuvo que regresar a Los Ángeles. Saúl se comunicaba con ella con frecuencia. Así fue pasando el tiempo y no perdieron el contacto. Chayito era una esposa y hermana feliz.

El paso de los años hizo que el trauma de la joven se fuera disolviendo poco a poco. El amor y el apoyo de su esposo eran los que la mantenían fuerte y feliz. Se sentía plena al lado de su gran amor porque sabía cuanto él la amaba. Se sentía segura de sí misma. Eso era lo que ella necesitaba: el calor de un verdadero hogar y una vida feliz al lado de su esposo.

Un tiempo después, decidieron mudarse a la ciudad de San Francisco y compraron allí una casa nueva.

Tres años después, la pareja tuvo la suerte de que Dios les concediera un hijo. Los dos estaban felices de ser padres por primera vez. Chayito dejó atrás para siempre sus tristezas y traumas infantiles cuando nació el niño. Estaba agradecida por tener un hermoso hijo y un gran esposo. Se dedicó por completo a ellos dos, pero nunca dejó de recordar a su querido hermano Saúl. Quería que él supiera que ella siempre iba a estar ahí, para lo que necesitara y para brindarle el cariño que le hiciera falta a ese ángel perdido, que aunque pasaran los meses y los años, siempre sería un ángel perdido del amor de una madre.

LA DESPEDIDA

PASARON DOS AÑOS y un día Saúl se despidió de su hermana y su cuñado porque tenía que viajar como voluntario a la ciudad de Nueva York a causa de la tragedia del 11 de septiembre. Allí necesitaban voluntarios para ayudar a rescatar personas y Saúl, que era un joven al que le gustaba colaborar y tenía el don natural para hacerlo porque le nacía del corazón, lo hizo sin pensarlo.

Chayito le dio su bendición al despedirse de él y se sintió orgullosa de tener un hermano que tuviera un corazón tan grande y generoso para llevar a cabo una tarea así, a la que no muchos estarían dispuestos. Las lágrimas le rodaban por las mejillas, pero Saúl, que era un joven fuerte y valiente le dijo:

–No llores chillona, que te vas a poner fea.

Eran sus palabras de siempre y sólo ella reía al escucharlas.

Saúl le pidió a su cuñado Alberto:

–Quiero pedirle un favor, que no me haga llorar nunca a mi hermana. Hágala feliz como lo hecho hasta ahora, haga que ella sea feliz siempre, porque se lo merece. Nunca le falle como esposo ni como amigo. Quiéranse mucho, respétense, y tengan buena comunicación entre ustedes, como pareja. Quiero verlos siempre juntos, hasta la eternidad, para que cuando yo vuelva los encuentre felices y me den muchos sobrinos para jugar con ellos y llevarlos al cine a ver películas de superhéroes. Los quiero mucho. Nos veremos muy pronto, familia querida, los llevaré en mi corazón y en mi mente. Alberto lo abrazó y le prometió que tendría todo eso en cuenta. Saúl se alejó de ellos con un nudo en la garganta.

Pasó el tiempo y Chayito no sabía nada de su hermano. Sentía una desesperación muy grande porque pensaba que quizás hubiera perdido la vida, ya que no se comunicaba con ellos.

Pero un día por la mañana, Saúl regresó contento por la ayuda brindada pero con el corazón triste a causa de la tragedia y de todo lo que había visto. No había sido fácil estar allí. Pensaba que era muy injusto que el ser humano hiciera tanto daño sin compasión.

Chayito sintió una gran alegría al ver nuevamente a su hermano y comprobar que estaba sano y salvo.

–¡Gracias a Dios! –Exclamó mientras lo abrazaba.

Alberto lo invitó a comer para conversar acerca de todo lo que Saúl había hecho en aquel viaje. Él les muestra una medalla que trae en su mano y que era un reconocimiento por haber sido un voluntario tan valiente para combatir la injusticia humana.

La historia de un joven bagabundo

Conversaron mucho aquel día. A Saúl le gustaba estar con su hermana y tener en sus brazos a su sobrino Alberto. El pequeño era tierno y juguetón y él era un tío muy divertido y cariñoso que se pasaba el tiempo jugando con su sobrino y hasta dormía con él. Saúl los visitó durante mucho tiempo, pero él estaba perdido en las drogas y cuando llegaba a la casa de su hermana de vez en cuando, ella se imaginaba que no se encontraba nada bien y así era.

Saúl estaba nuevamente en la oscuridad de su mundo. Se encontraba al borde del abismo y no podía salir de esa situación. Era como estar delante de un gran muro y no poder escalarlo para escapar. Intentaba salir, pero cuando estaba a punto de hacerlo, volvía a caer aún más profundo. Era un joven fuerte de corazón pero débil de mente y voluntad.

Chayito no había visto a su hermano desde la última vez que él llegó a visitarlos. Estaba desesperada y pensaba con esperanzas que quizás un día se presentaría y tocaría su puerta para entrar a conversar de todas aquellas cosas que a él le gustaban y la abrazaría muy fuerte. Pero ella sabía que Saúl estaba bien y que no le había pasado nada, sólo que él estaba viviendo en su mundo. Estaba segura que no se había olvidado de su hermana, su cuñado y su sobrino, que lo esperaban con los brazos abiertos para cuando regresara de nuevo de aquel extraño mundo en el que vivía.

Ella no se cansaba nunca de buscarlo, vivía para estar pendiente del bienestar de su hermano querido.

Sabía que eran dos gotas de agua que no se podían separar y por eso lo extrañaba tanto cuando él no estaba. A pesar de su ausencia, el corazón le decía que él todavía vivía y que estaba bien. Pero si no fuera así, ella igual lo llevaría por siempre dentro suyo por años y siglos y volverían a nacer juntos. Se reencarnarían y volverían a encontrarse nuevamente como hermanos verdaderos de padre y madre. Crecerían juntos, reirían y jugarían. Volverían a tener héroes favoritos, dejarían volar sus mentes y hasta llorarían juntos, pero de felicidad.

El amor de un hermano, es un lazo de sangre muy difícil de romper. Aunque sean medios hermanos, siguen siendo hermanos de sangre, de corazón y de espíritu.

EL AMOR DE VIVIR

DIOS NOS DIO el inmenso privilegio de amar, de sentir el amor de un hijo y poder darle todo el nuestro, el que nace del corazón de madre. Un hijo es una bendición para el hogar. Es una parte de nuestro ser, de nuestra sangre. Es carne de nuestra carne.

Nos sentimos dichosos al escuchar sus primeras palabras y nos llegan hasta el alma cuando con emoción escuchamos como nos dice "mamá". Nos alegra ver sus pasos por la vida y cómo logra mantenerse en pie y al caerse se vuelve a levantar y no se rinde. Nos llena de felicidad el corazón ver cómo crece. Sentimos un orgullo inmenso.

Sientes que del corazón te brota todo ese amor de madre que día a día entregas a tus hijos.

Sientes la dicha de ver crecer a tu hijo cerca de ti, de poder guiarlo por el buen camino y no permitir que le pase nada. Deseas poder acompañarlo siempre, porque si no es así, te sientes alejada de él y esto te llena de tristeza.

Tú quieres que él sepa que lo amas y lo apoyas y que descubra y sienta la fuerza que como madre le das.

Quieres que él sepa que no esta solo, que tenga seguridad de sí mismo y que no sienta miedo de fracasar en la vida.

Para una madre, es fundamental darles todo esos valores y esa seguridad a sus hijos. Es una sabiduría que Dios nos regaló, junto con el don de ser madres y debemos aprovecharlo al máximo.

LAS CALLES DEL CRIMEN DE LOS OLVIDADOS

HAY HIJOS QUE en no tienen una madre porque si bien, tienen a su lado a la persona que les dio la vida, ellas no pueden ver más allá de sus miedos y sólo piensan en su fracaso como personas y en la oscuridad en la que viven. Ellas creen sentirse solas, desamparadas de Dios y de la humanidad y no se creen capaces de salir adelante con su hijo en brazos porque sólo piensan en sí mismas.

La luz de la vida es un privilegio que Dios nos da a todos los seres humanos, en principio. Algunos angelitos tienen el privilegio de verla y de conocer a una madre, y otros vienen al mundo sin luz y sin amor, despreciados por la humanidad, y por su propia sangre, quienes los desconocen, los menosprecian y los dejan en el olvido. Éstos son los ángeles perdidos. Ellos no saben el porqué de esta condición, y aunque lo preguntan, nadie les da una respuesta. Entonces deciden levantar vuelo sin dejar rastro alguno.

Vuelan sin tener todavía las alas fuertes y seguras de lograrlo sin peligros. Para ellos es un vuelo desconocido, pero lo emprenden porque sus corazones sienten dolor y desean alejarse de quienes se lo causan. Sus almas vagan por las calles de la vida. Son los ángeles olvidados que al llegar a la tierra lo hicieron solos y de esta misma forma se van, siempre solos. Ya no levantan vuelo y mueren de frío y de tristeza sin haber recibido jamás una caricia o un abrazo de ternura. Llegan al final de su vida solos y habiendo volado sin descanso durante mucho tiempo. Son jóvenes vagabundos.

Las calles son el hogar de muchos niños que sufren y viven solos por el abandono de sus familias y el maltrato en sus propios hogares. Son expulsados del calor de un hogar sin compasión ni dolor alguno.

Al estar desamparados y no tener apoyo de ningún otro lado, son libres y vagan sin rumbo y sin un futuro. Se dedican a la destrucción de sus vidas. Encuentran compañía en el alcohol y las drogas. Intentan buscar allí un refugio contra el frío y el hambre.

Son Ángeles sin rumbo cuyas manos se llenan de sangre. Se convierten en niños criminales por no tener un padre que los llevara de la mano por el camino recto o los aconsejara acerca de diversas cuestiones cuando se convirtieron en adolescentes, y se ven empujados a la autodestrucción por carecer del amor de sus padres y el calor de un hogar.

Estos ángeles abandonados no existen, nadie los quiere ver, están invisibles a los ojos de la cruel sociedad en la que vivimos. Son ángeles despreciados por todos. La realidad es que esos niños no tienen la culpa de vivir como viven, son los padres quienes los dejan en el abismo de las calles y la oscuridad de la negra noche, cuando los insultan, los maltratan o simplemente los ignoran o desprecian de algún modo. El niño siente que no existe y que sus padres se avergüenzan de él, entonces, con trauma y el gran dolor de recibir tantos maltratos físicos y verbales, decide irse. Se abusan tanto de ese angelito que él ya no sabe cómo defenderse de los adultos, de sus propios padres que son tan crueles con él y por esto decide escapar.

Muchos padres no valoran a su propio hijo, que fue dado por Dios y por la vida para darles a ellos fuerzas y esperanzas de que no se termine la humanidad. Lo menos que pueden hacer es amarlo y brindarle todo su cariño, porque la juventud es el futuro del mundo, sólo ellos podrán salvar al universo. Deben darles fuerzas y alentarlos a que estudien, a que sean grandes y aprendan a crecer de la mejor manera para que no sean unos niños delincuentes y vagabundos.

Los padres tienen la obligación de hablar con sus hijos, llenarlos de amor y no de golpes, abrazarlos y no dejarlos en la calle y protegerlos para evitar que lleguen otras personas que se los lleven y les destruyan la vida.

Ningún padre tiene el derecho de maltratar y abusar físicamente a nuestros hijos.

No tienen el derecho de tener un niño para luego abandonarlo, humillarlo, despreciarlo y dejarlo en las calles del crimen para que solos se debatan con su dolor, su sufrimiento y la muerte misma.

Ellos tienen el derecho de vivir y ser felices, al igual que todas las personas existentes, que pueden despertarse cada día, ver la luz de la vida, levantarse de la cama y darle las gracias a Dios por la vida y por cada día de existencia.

Sin embargo hay seres humanos tan crueles que no piensan en los demás ni en sus derechos como personas. Hay que pedirle a Dios la sabiduría para ser un buen padre y una buena persona con nuestros semejantes, para poder sentirnos mejor con nosotros mismos, poder cuidar a nuestros hijos y saber educarlos cada día.

El gran amor de un hijo no debe ser cambiado por nada de este mundo. Ni por nadie. El de él es un amor único y sincero, que a no cambia el de sus padres por nadie. El amor de un hijo es puro y es lo que alimenta el corazón de una madre y un padre.

Para tener el amor de un hijo, hay que darle todo, hasta la propia vida si es necesario. Que sienta que no puede ser sustituido por nada ni por nadie y que sólo él vive en tu corazón.

Aún después de muertos, ellos estarán por siempre dentro de nosotros, nunca se irán de allí. Hay que sentirlos siempre vivos y cerca de nosotros.

EL ABUSO DE DOLOR Y TRISTEZA HUMANA

LA PREOCUPACIÓN MÁS grande que tenemos, quienes lo vemos a diario, es la cantidad de niños maltratados y abusados por sus propios padres y familiares. Estas personas de su mismo círculo familiar, tienen mucha crueldad con inocentes criaturas que no se pueden defender. Hay miles de abusos por día y que no se denuncian por temor o por otras razones. Pero no es justo que esto suceda, entre todos tenemos que ayudar a que esos niños no mueran como victimas de la violencia familiar y de la ignorancia de sus padres. Hay que denunciar a los progenitores que se abusan física, verbal, moral y psicológicamente de esos pequeños, dejándoles grandes traumas de por vida.

Hay demasiados niños que viven en la cruel soledad, que por ser pequeños e inocentes son maltratados y luego abandonados por sus padres. A diario mueren muchos y sin tener culpa alguna. Son abusados física y mentalmente y nadie hace algo para frenar esos abusos. Son angelitos desprotegidos, a quienes no escuchan ni miran. Están en la más cruel soledad y escuridad, abandonados en las calles del crimen.

Hay angelitos que tienen el enorme privilegio de tener una mamá, un papá, el calor de un hogar y una linda familia que los apoya y los quiere. Son niños que sienten que sus padres le dan todo el cariño que ellos como hijos se merecen y que sus adultos, como buenos padres que aman, y respetan a sus hijos, están dispuestos a dar. Se sienten protegidos y saben que si algún día tienen una enfermedad o un poco de fiebre, esa mamá que se desvela por ellos, lo va a cuidar hasta que se mejore y se sienta bien.

Sus padres quieren lo mejor para sus niños y ellos se sienten cuidados y queridos, saben que tienen el amor incondicional de mamá, papá y demás familia. Tienen la seguridad que cuando sea la hora del almuerzo o la cena y se sientan a la mesa, su madre le tendrá la comida preparada y jamás lo dejará sin comer. Cuando llega la noche y la hora de acostarse a dormir, saben que tienen una camita preparada y unas cobijas calentitas y con olor a limpio para abrigarse del frío. Se duermen tranquilos sabiendo que su madre no los abandonará ni los dejará sin resguardo del frío invernal de la calle. Al llegar a su casa se sienten seguros de todo lo que los rodea, se dan cuenta que tiene lo más bonito que se puede tener: una familia que le dan fuerzas para crecer y convertirse en alguien fuerte y sano, que nunca sintió el desprecio de su madre ni de su padre, ni vivió en la fría soledad de la calle, ni expe-

La historia de un joven bagabundo

rimentó nunca el hambre ni la necesidad de recoger comida de la basura.

Esos niños tienen que saber que son privilegiados porque tienen el amor de sus padres cada día de sus vidas. Deben darle las gracias a Dios y valorar el trabajo y el sacrificio de sus padres, que cada día luchan para poner el pan en la mesa y no piensan en su cansancio, sino en ver a sus hijos contentos y saludables brindándoles lo mejor de sí mismos.

Pero a veces hay niños a quienes se les da todo el amor y la confianza pero que se equivocan una y otra vez. Piensan que sus padres son tontos y no saben, que sólo ellos lo saben todo. Se vuelven malos por la excesiva confianza que su madre les da y porque lo tienen todo y saben que en su casa no les falta nada. Piensan que con mentiras van a engañar a sus padres. A veces lo logran y consiguen que sus padres los crean inteligentes y se dejen manipular por ellos.

Lo cierto es que estos chicos manipulan los sentimientos buenos de su madre y su padre porque saben que lo quieren tanto y no dejarán de hacerlo por sus actos. Pero se equivoca y se hace mucho daño pensando esto y actuando de mal modo porque con el tiempo, la confianza de los padres desaparece por completo y el amor se transforma en coraje y retos a causa de la desobediencia y las mentiras de ese niño. Pierde todo lo que pensó que iba a tener por siempre: el poder de manipular y sentirse dueño de todos los que lo rodeaba. A pesar de no haber valorado todo lo que tenía y le dieron, siguen siendo niños felices y con un hogar estable. Pero hay otros niños que ansían tener aunque sea la cuarta parte del cariño de una buena madre y de un buen padre, que sueñan con tener una casa y comida calentita en la mesa. Pero su vida es como una rueda de la fortuna. Algunos niños nacen con estrellas y otros estrellados, pero no culpamos a nadie.

Sabemos que hay un Dios que nos da la vida y que sólo él nos la quita. Por eso, como padres, debemos vivir una vida feliz al lado de nuestros hijos, no dejarlos jamás en la calle, sino darles una buena educación. No debemos gritarles, sino hablarles con respeto y cariño porque cuando se les habla, ellos escuchan y absorben todo aquello que nosotros le decimos. Enseñémosles a amar, a querer, a estar bien y sobrevivir s los tormentos y las oscuridades que nos toque vivir en la vida.

Al final del camino tendremos la recompensa de Dios y de la vida por todo lo que dimos e hicimos por nuestros hijos y por nosotros mismos. Lo que un padre siembra, eso cosecha.

ÍNDICE

LA NIÑA INFELIZ	5
EL NACIMIENTO DE UNA GRAN HISTORIA	11
EL NACIMIENTO DE LA NIÑA CHAYITO	21
EL GRAN VIAJE	25
ATRAPADO EN LAS DROGAS, EL HAMBRE Y EL FRIO	29
UN AÑO DE SOLEDAD	43
LA CRUEL TORTURA	61
LA GRAN LLEGADA AL CONVENTO	71
LA JOVEN NOVICIA Y SUS QUINCE AÑOS	79
DOLOR EN EL CORAZON Y SENTIMIENTO EN EL ALMA	97
UN PENSAMIENTO Y UN DESEO	105
EL GRAN ERROR DE UNA MADRE SOLTERA	107
UN ANGEL OLVIDADO	111
EL GRAN AMOR DE SU VIDA	119
AL PASO DEL CAMINO	125
LA DESPEDIDA	135
EL AMOR DE VIVIR	139
LAS CALLES DEL CRIMEN DE LOS OLVIDADOS	141
EL ABUSO DE DOLOR Y TRISTEZA HUMANA	145

www.ingramcontent.com/pod-product-compliance
Lightning Source LLC
Chambersburg PA
CBHW051804040426
42446CB00007B/507